*Dr. Jaerock Lee*

# DIOS
## EL
## SANADOR

URIM
BOOKS

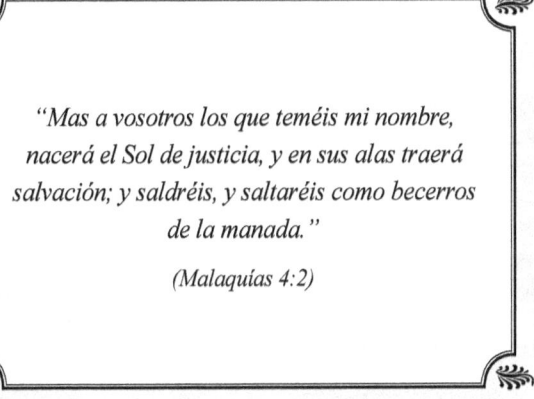

"*Mas a vosotros los que teméis mi nombre, nacerá el Sol de justicia, y en sus alas traerá salvación; y saldréis, y saltaréis como becerros de la manada.*"

(*Malaquías 4:2*)

DIOS EL SANADOR escrito por el Dr. Jaerock Lee
Publicado por Libros Urim (Presidente: Seongkeon Vin)
235-3, Guro-dong3, Guro-gu, Seúl, Corea
www.urimbooks.com

Derechos de autor © 2013 por el Dr. Jaerock Lee
ISBN: 978-89-7557-668-3
Derechos de traducción © 2012 por la Dra. Esther K. Chung. Usado con permiso

Publicado originalmente en coreano por Libros Urim, en 1992.

*Primera edición: Junio 1996*
*Segunda edición: Febrero 2013*

Editado por la Dra. Geumsun Vin
Diseño por el Departamento Editorial de Libros Urim
Impreso por Yewon Printing Company
Para mayor información contáctese con urimbook@hotmail.com

# Mensaje del Escritor

Mientras encontramos que la civilización materialista y la prosperidad continúan avanzando e incrementándose, hallamos que las personas tienen más tiempo y maneras de perderlo. Además, para poder alcanzar vidas con mayores comodidades y más saludables, las personas invierten tiempo y riquezas, y prestan mucha atención a una gran variedad de información poco útil.

Sin embargo, ya que la vida del hombre, el envejecimiento, la enfermedad y la muerte están bajo la soberanía de Dios, no pueden ser controlados por el poder del dinero o del conocimiento. Además es un hecho innegable que, a pesar de que la ciencia médica muy sofisticada producida por el conocimiento del hombre acumulada a lo largo de los siglos, el número de pacientes que sufren de enfermedades incurables y terminales ha ido en aumento.

A través de toda la historia del mundo, ha habido innumerables personas de distintas creencias de fe y conocimientos, incluyendo Buda y Confucio. No obstante, todos ellos estaban en silencio frente a esta cuestión, y ninguno de ellos fue capaz de evitar el envejecimiento, la enfermedad y la muerte. Esta pregunta está ligada al pecado y la cuestión de la salvación de la humanidad, cosas sobre las cuales el hombre no tiene la solución.

En la actualidad hay una gran cantidad de hospitales y farmacias que son de fácil acceso y aparentemente están listas para hacer de nuestra sociedad libre de enfermedades y más saludable. Sin embargo, nuestros cuerpos y el mundo están infectados con una variedad de enfermedades que van desde una gripe común a enfermedades de origen desconocido y cepas para las que no existe una cura. La mayoría de personas se apresuran a culpar al clima y al medio ambiente, o fácilmente perciben la enfermedad como un fenómeno natural o fisiológico, y colocan su confianza en los medicamentos o la tecnología médica.

Con el fin de recibir la sanidad fundamental y llevar una vida saludable, cada uno de nosotros debe comprender desde dónde se ha originado una enfermedad y cómo podemos recibir sanidad. Para el evangelio y la verdad siempre hay dos caras: la maldición y el castigo están reservados para las personas que no lo aceptan, mientras que para las personas que sí lo aceptan, les esperan la bendición y la vida. Es la voluntad de Dios que la verdad sea oculta a los que, al igual que los fariseos y maestros de la ley, se consideran a sí mismos sabios e inteligentes. También es la voluntad de Dios que la verdad se revele a los que son como niños, que la desean y abren sus corazones (Lucas 10:21).

Dios ha dado muchas promesas para aquellos que obedecen y viven de acuerdo a Sus mandamientos, mientras que ha registrado detalladamente las maldiciones y todos los tipos de enfermedades que serán infligidas a aquellos que desobedecen Sus mandamientos (Deuteronomio 28:1-68).

Al recordar la Palabra de Dios a los incrédulos e incluso algunos creyentes que solo le dan un vistazo, esta obra busca colocar a esas personas en el camino correcto a la libertad de las dolencias y las enfermedades.

Ruego en el nombre del Señor que mientras más escuche, lea, entienda y haga de la Palabra de Dios su alimento diario, y que por el poder del Dios de la salvación y la sanidad, usted pueda recibir la sanidad de las dolencia y las enfermedades grandes y pequeñas, y que la salud siempre more en usted y su familia.

*Jaerock Lee*

# Tabla de contenidos

Mensaje del Escritor

# Capítulo 1

## El origen de la enfermedad
## y el rayo de sanidad

## Malaquías 4:2

*"Mas a vosotros los que teméis mi nombre, nacerá el Sol de justicia, y en sus alas traerá salvación; y saldréis, y saltaréis como becerros de la manada".*

## Una de las causas fundamentales de la enfermedad

Ya que las personas desean llevar una vida feliz y saludable durante su tiempo en la Tierra, consumen todo tipo de alimentos que se conoce que son saludables, y también buscan métodos secretos a los cuales prestan atención. No obstante, a pesar del avance de la civilización materialista y la ciencia médica, la realidad es que no se puede prevenir el sufrimiento de las enfermedades incurables y terminales.

¿Acaso las personas no pueden ser liberadas de la agonía de las enfermedades durante su tiempo aquí en este mundo?

La mayoría de personas se apresuran a culpar al clima y al medio ambiente, o fácilmente perciben la enfermedad como un fenómeno natural o fisiológico, y colocan su confianza en los medicamentos o la tecnología médica. Sin embargo, una vez que se determina la fuente de todos los tipos de enfermedades y dolencias, todos pueden ser liberados de ellas.

La Biblia nos presenta las maneras fundamentales por las cuales una persona puede llevar una vida libre de enfermedades y, si incluso alguien está enfermo, las maneras por las cuales puede recibir sanidad:

*"Y dijo (el Señor): Si oyeres atentamente la voz de Jehová tu Dios, e hicieres lo recto delante de sus ojos, y dieres oído a sus mandamientos, y guardares todos sus estatutos, ninguna enfermedad de las que envié a*

*los egipcios te enviaré a ti; porque yo soy Jehová tu sanador" (Éxodo 15:26).*

Esta es la fiel Palabra de Dios quien controla la vida del hombre, la muerte, la maldición y la bendición dada a cada uno de nosotros de manera personal.

Entonces ¿qué son las enfermedades?, ¿por qué uno se infecta de ellas? En términos médicos, la 'enfermedad' se refiere a todo tipo de incapacidad física en varias partes de nuestro cuerpo, es decir, un estado anormal o inusual de la salud, el cual se desarrolla y se esparce en su mayoría por las bacterias. En otras palabras, la enfermedad es una condición anormal del cuerpo provocada por envenenamiento o bacterias causantes de males.

En Éxodo 9:8-9 se describe el proceso por el cual la plaga de úlceras brotó sobre Egipto:

*"Y Jehová dijo a Moisés y a Aarón: Tomad puñados de ceniza de un horno, y la esparcirá Moisés hacia el cielo delante de Faraón; y vendrá a ser polvo sobre toda la tierra de Egipto, y producirá sarpullido con úlceras en los hombres y en las bestias, por todo el país de Egipto".*

En Éxodo 11:4-7 leemos cómo Dios hace una distinción entre el pueblo de Israel y el pueblo de Egipto. Para los israelitas que adoraban a Dios, no habría ninguna plaga, no así para los egipcios que no adoraban a Dios ni vivían bajo Su voluntad; sus primogénitos sí sufrirían de una plaga.

Por medio de la Biblia aprendemos que aun la enfermedad está bajo la soberanía de Dios, ya que Él protege de la misma a aquellos que lo reverencian y, que dicha enfermedad, infiltrará la vida de las personas que pecan, debido a que Él apartará Su rostro de dichos individuos.

¿Por qué existen las enfermedad y el sufrimiento causado por ellas? ¿Significa esto que Dios el Creador hizo la enfermedad en el tiempo de la creación para que las personas vivieran en el peligro de la enfermedad? Dios el Creador creó al hombre y controla todas las cosas en el universo con bondad, justicia y amor.

En Génesis 1:26-28 leemos lo siguiente:

*"Entonces dijo Dios: Hagamos al hombre a nuestra imagen, conforme a nuestra semejanza; y señoree en los peces del mar, en las aves de los cielos, en las bestias, en toda la tierra, y en todo animal que se arrastra sobre la tierra. Y creó Dios al hombre a su imagen, a imagen de Dios lo creó; varón y hembra los creó. Y los bendijo Dios, y les dijo: Fructificad y multiplicaos; llenad la tierra, y sojuzgadla, y señoread en los peces del mar, en las aves de los cielos, y en todas las bestias que se mueven sobre la tierra".*

Luego de crear el entorno más apropiado para que el hombre viviera (Génesis 1:3-25), Dios creó al hombre a Su imagen y semejanza, lo bendijo y le permitió tener la mayor libertad y autoridad.

A medida que pasó el tiempo, las personas disfrutaron libremente de las bendiciones otorgadas por Dios mientras obedecían Sus mandamientos, y vivían en el Huerto del Edén, en el cual no había lágrimas, tristeza, sufrimiento ni enfermedad. Dios, al ver que todo lo que había hecho era bueno (Génesis 1:31), dio el siguiente mandamiento: *"De todo árbol del huerto podrás comer; mas del árbol de la ciencia del bien y del mal no comerás; porque el día que de él comieres, ciertamente morirás"* (Génesis 2:16-17).

No obstante, cuando la serpiente astuta vio que no guardaron el mandamiento de Dios en sus mentes, sino que al contrario, lo quebrantaron, la serpiente tentó a Eva, la esposa del primer hombre creado. Cuando Adán y Eva comieron del fruto del árbol de la ciencia del bien y del mal y pecaron (Génesis 3:1-6), como ya Dios les había advertido, la muerte entró al hombre (Romanos 6:23).

Luego de cometer el pecado de la desobediencia y de que el hombre recibiera la paga del pecado y enfrentara la muerte, el espíritu del hombre, su amo, también murió y la comunicación entre el hombre y Dios dejó de existir. Luego fueron conducidos fuera del Huerto del Edén y comenzaron a vivir entre lágrimas, dolor, sufrimiento, enfermedad y muerte. Debido a que todo en la tierra fue maldecido, esta produjo cardos y espinos, y solo mediante el sudor de su frente podían obtener el alimento (Génesis 3:16-24).

De esta manera, la causa fundamental de la enfermedad reside en el pecado original producido por la desobediencia de Adán. Si Adán no hubiera desobedecido a Dios, no habría sido expulsado del Huerto del Edén, sino que habría tenido una vida saludable todo el tiempo. En otras palabras, a través de un solo hombre todas las personas se han convertido en pecadoras y han llegado a vivir en peligro y a sufrir todo tipo de enfermedades. Sin resolver primeramente el problema del pecado, nadie podrá ser declarado justo ante los ojos de Dios mediante el cumplimiento de la ley (Romanos 3:20).

## El sol de justicia con la salud en sus alas

En Malaquías 4:2 (LBLA) dice: *"Mas para vosotros que teméis mi nombre, se levantará el sol de justicia con la salud en sus alas; y saldréis y saltaréis como terneros del establo"*. En este caso, 'el sol de justicia' se refiere al Mesías.

En cuanto a la humanidad que está en el camino a la destrucción y el sufrimiento de la enfermedad, Dios se apiadó y nos redimió de todos los pecados por medio de Jesucristo, a quien había preparado, permitiendo que fuera crucificado en una cruz y que derramara toda Su sangre. Por consiguiente, cualquier persona que acepte a Jesucristo, reciba el perdón de sus pecados y alcance la salvación, puede ser libre de la enfermedad y tener una vida saludable. Debido a la maldición sobre todas las cosas, la humanidad debe vivir en el peligro de la enfermedad mientras pueda respirar; sin embargo, mediante el amor y la gracia de Dios, se ha abierto un camino para ser liberados de la enfermedad.

Cuando los hijos de Dios resisten el pecado al punto de sudar su sangre (Hebreos 12:4) y vivir mediante Su Palabra, Él los protegerá con Sus ojos que son como llamas de fuego y los protegerá con el muro de fuego del Espíritu Santo para que ningún veneno en el aire pueda ingresar a sus cuerpos. Incluso si alguien cae enfermo, el momento que se arrepienta y se aleje de sus malos caminos, Dios calcinará la enfermedad y sanará las partes afectadas. Esta es la sanidad a través de 'sol de justicia'.

La medicina moderna ha desarrollado la terapia ultravioleta que es ampliamente utilizada en la actualidad para prevenir y curar una variedad de enfermedades. Los rayos ultravioletas son altamente eficaces para la desinfección y causan cambios químicos en el cuerpo. Esta terapia puede destruir aproximadamente el 99% del bacilo colónico, la difteria y la disentería; es también eficaz contra la tuberculosis, el raquitismo, la anemia, el reumatismo y las enfermedades cutáneas. Sin embargo, un tratamiento tan poderoso y de gran ayuda como lo es la terapia ultravioleta, no se puede aplicar a todas las enfermedades.

Solo 'el sol de justicia con la salud en sus alas' registrado en las Escrituras, es el rayo del poder que puede sanar todas las enfermedades. Los rayos del sol de justicia pueden ser utilizados para sanar todas las enfermedades y, debido a que se puede aplicar a todas las personas, la manera por la cual Dios sana es en verdad sencilla y completa, y esencialmente la mejor.

No mucho tiempo después de la fundación de esta iglesia, me trajeron en una camilla a un paciente al borde de la muerte quien sufría de un dolor insoportable causado por la parálisis y el cáncer. Esta persona no podía hablar debido a que su lengua se había endurecido, al igual que todo su cuerpo, el cual estaba paralizado. Debido a que los doctores se habían dado por vencidos, la esposa de este paciente, quien había creído en el poder de Dios, le instó a que rindiera todo ante Dios. Luego de darse cuenta que la única manera de mantener su vida era aferrándose y suplicando a Dios, el paciente intentó adorar aun estando en el suelo y su esposa también suplicó fervientemente con fe y amor. Al ver la fe de ambos, yo también clamé con fervor por este hombre. Al poco tiempo, este mismo hombre que anteriormente le había causado persecución a su esposa por creer en Jesús, llegó a arrepentirse y a rendir su corazón; Dios envió su rayo de sanidad, abrazó su cuerpo con el fuego del Espíritu Santo y limpió todo su cuerpo. ¡Aleluya! Debido a que la causa fundamental de la enfermedad fue calcinada, rápidamente el hombre comenzó a caminar y a correr y recobró su salud nuevamente. No es necesario decir cómo los miembros de Manmin le han dado la gloria a Dios y se han regocijado al experimentar estas asombrosas obras de sanidad de Dios.

## Para aquellos que reverencian Mi nombre

Nuestro Dios es el Todopoderoso que creó todas las cosas en el universo mediante Su Palabra y creó al hombre del polvo de la tierra. Ya que este Dios se ha convertido en nuestro Padre, aunque caigamos en la enfermedad, cuando solo dependemos de Él con nuestra fe, Dios verá y reconocerá nuestra fe y con gusto nos sanará. No hay nada de malo con ser curados en un hospital, pero Dios se deleita en Sus hijos que creen en Su Omnisciencia y Omnipotencia, quienes le claman con fervor, reciben sanidad y lo glorifican.

En 2 Reyes 20:1-11 se encuentra la historia de Ezequías, rey de Judá, quien enfermó cuando Asiria invadió su reino; sin embargo, recibió completa sanidad tres días después de haber orado a Dios y vivió durante quince años más.

Por medio del profeta Isaías, Dios le dijo a Ezequías: *"...Ordena tu casa, porque morirás, y no vivirás"* (2 Reyes20:1; Isaías 38:1). En otras palabras, Ezequías recibió una sentencia de muerte en la que se le dijo que se prepara para morir y que arreglara los asuntos familiares y de su reino. No obstante,

Ezequías inmediatamente volvió su rostro hacia la pared y oró al Señor (2 Reyes 20:2). El rey se dio cuenta que su enfermedad era el resultado de su relación con Dios, por lo tanto dejó todo a un lado y estuvo resuelto a orar.

Debido a que Ezequías oró a Dios fervientemente y con lágrimas, Él le dijo y le prometió al rey: *"...He oído tu oración, y visto tus lágrimas; he aquí que yo añado a tus días quince años. Y te libraré a ti y a esta ciudad, de mano del rey de Asiria; y a esta ciudad ampararé"* (Isaías 38:5-6). También podemos asumir que de manera sincera y ferviente debió haber orado Ezequías cuando Dios le dijo: "He oído tu oración, y visto tus lágrimas".

Dios, quien respondió la oración de Ezequías por completo, sanó al rey para que pudiera ir en tres días al templo de Dios. Además, Dios prolongó la vida de Ezequías por quince años y, durante el tiempo que vivió Ezequías, mantuvo a salvo la ciudad de Jerusalén de la amenaza de Asiria.

Ya que Ezequías estaba consciente de que el asunto de la propia vida y la muerte se encontraba bajo la soberanía de Dios, orar a Dios era de suma importancia para él. Dios se sintió complacido con la humildad de corazón y la fe de Ezequías, le prometió a él la sanidad y cuando vio la señal de su sanidad, Dios incluso hizo que la sombra retrocediera diez grados en el reloj de Acaz (2 Reyes 20:11). Nuestro Dios es un Dios de sanidad y un Padre que se preocupa mucho y da a quien busca.

Por el contrario, encontramos en 2 Crónicas 16:12-13 lo siguiente: *"En el año treinta y nueve de su reinado, Asa enfermó gravemente de los pies, y en su enfermedad no buscó a Jehová, sino a los médicos. Y durmió Asa con sus padres, y murió en el año cuarenta y uno de su reinado".* Al principio, cuando él llegó al trono: *"Asa hizo lo recto ante los ojos de Jehová, como David su padre"* (1 Reyes 15:11). Al comienzo él era un gobernante muy sabio; sin embargo, poco a poco fue perdiendo su fe en Dios y comenzó a confiar más en el hombre, por ende, el rey no pudo recibir la ayuda de Dios.

Cuando Baasa, rey de Israel, invadió Judá, Asa puso su confianza en Ben-adad, rey de Aram, también conocida como Siria, y no en Dios. Debido a esto, Asa fue reprochado por el vidente Hanani, pero no se apartó de sus caminos, sino al contrario, lo encarceló y oprimió a su propio pueblo (2 Crónicas 16:7-10).

Antes de que Asa comenzara a confiar en el rey de Aram, Dios interfirió con el ejército de Aram para que no pudieran invadir Judá. En ese momento Asa confió en el rey de Aram en vez de su Dios, por lo tanto el rey de Judá ya no podía recibir Su ayuda. Además, no podía estar feliz con Asa quien buscó la ayuda de los médicos en lugar de la de Dios. Es por esta razón que Asa murió solo dos años después de enfermar de los pies. Aunque Asa profesó su fe en Dios, debido a que él no lo demostró con sus acciones y fracasó en clamar a Dios, el Dios Todopoderoso no pudo hacer nada por el rey.

El rayo de sanidad de parte de Dios puede sanar cualquier tipo de enfermedades; los paralíticos pueden levantarse y caminar, los ciegos pueden ver, los sordos escuchar y los muertos pueden revivir. Por consiguiente, ya que el Dios de sanidad tiene un poder ilimitado, la gravedad de una enfermedad es insignificante. Desde una enfermedad menor como lo es la gripe, hasta una crítica como lo es el cáncer, para Dios es lo mismo. El asunto más importante es el tipo de corazón con el cual venimos ante Dios; sea este como el de Asa o como el de Ezequías.

¡Ruego en el nombre del Señor que usted pueda aceptar a Jesucristo, recibir la respuesta al problema del pecado, se lo considere justo por la fe acompañada por obras como las de Ezequías, reciba sanidad a todas las enfermedades y que siempre lleve una vida saludable!

## Capítulo 2

## ¿Desea usted ser sano?

## Juan 5:5-6

*"Y había allí un hombre que hacía treinta y ocho años*

*que estaba enfermo. Cuando Jesús lo vio acostado,*

*y supo que llevaba ya mucho tiempo así, le dijo:*

*¿Quieres ser sano?"*

## ¿Desea usted ser sano?

Hay muchos tipos diferentes de casos de personas, quienes no habían conocido a Dios previamente, que lo buscan y se presentan ante Él. Algunos se acercan a Él siguiendo su propia buena consciencia, mientras que otros lo conocen luego de haber sido evangelizados. Otros llegan a encontrar a Dios después de haber experimentado el escepticismo en la vida a través de los fracasos en los negocios o la discordia en la familia. Y otras personas se acercan a Él con un corazón lleno de anhelo tras sufrir de un agudo dolor físico o debido al miedo a la muerte.

Al igual que el paralítico que había sufrido de dolor durante treinta y ocho años junto al estanque de Betesda, para poder encomendar su enfermedad por completo a Dios y recibir sanidad, uno debe anhelar esa sanidad por sobre todas las cosas.

En Jerusalén, cerca de la puerta de las ovejas, se encontraba un estanque llamado en hebreo Betesda. Este estaba rodeado de cinco pórticos en los cuales se reunían los ciegos, cojos y paralíticos para luego descender al estanque, ya que de vez en cuando venía un ángel de Dios que descendía y agitaba el agua. Además se creía que el primero que entraba al estanque (cuyo nombre significa 'La casa de la gracia (misericordia)') luego de que el agua era sacudida, sería sanado de cualquier enfermedad que tuviera.

Al ver un paralítico de treinta y ocho años junto al estanque, y al conocer por cuánto tiempo este hombre había sufrido, Jesús le preguntó: *"¿Quieres ser sano?"* El hombre respondió: *"Señor, no tengo quien me meta en el estanque cuando se agita el agua; y entre tanto que yo voy, otro desciende antes que yo"* (Juan 5:7). Por medio de esto, el hombre confesó al Señor que aunque él deseaba de todo corazón ser sanado, no podía hacerlo por sí solo. Nuestro Señor vio el corazón de esta persona y le dijo: *"Levántate, toma tu lecho, y anda"*, y al instante el hombre fue sanado; tomó su lecho y se fue caminando (Juan 5:8).

## Usted debe aceptar a Jesucristo

Cuando este hombre que había sido inválido por treinta y ocho años conoció a Jesucristo, él recibió instantáneamente la sanidad. Al llegar a creer en Jesucristo, la fuente de la vida verdadera, el hombre fue perdonado de todos sus pecados y sanado de su enfermedad.

¿Se encuentra usted angustiado por causa de alguna enfermedad? Si sufre de una enfermedad y desea acercarse a Dios y recibir sanidad, debe primeramente aceptar a Jesucristo, convertirse en hijo de Dios y recibir el perdón para que de este modo pueda eliminar cualquier barrera entre usted y Dios. Debe creer que debido a que Dios es Omnisciente y Omnipotente, Él puede realizar cualquier milagro. Además debe creer que hemos sido redimidos de todas nuestras enfermedades a través de los azotes que recibió Jesús, y que cuando usted busca en el nombre de Jesucristo, recibirá sanidad.

Cuando nosotros pedimos con este tipo de fe, Dios escucha nuestras oraciones de fe y manifiesta obras de sanidad. Sin importar cuán antigua o grave pueda ser su enfermedad, asegúrese de encomendar todos sus problemas de salud a Dios, recordando que puede recuperar su buena salud por completo una vez más, en un instante, cuando el poder de Dios lo sane.

Cuando el paralítico que aparece en Marcos 2:3-12 se enteró por primera vez que Jesús había ido a Capernaúm, este quería ir delante de Él. Al escuchar las noticias acerca de cómo Jesús sanaba a las personas con varias enfermedades, expulsaba a los espíritus malignos y sanaba a los leprosos, el paralítico pensó que si podía creer también podría recibir la sanidad. Cuando el paralítico se dio cuenta que no podía acercarse a Jesús debido a la gran multitud que se había reunido, con la ayuda de sus amigos se hizo una abertura en el techo de la casa donde Jesús se hospedaba, y bajaron el lecho donde se encontraba el paralítico y lo pusieron delante de Jesús.

¿Puede imaginar cuánto deseaba el paralítico estar delante de Jesús, al punto de llegar a hacer esto? ¿Cómo reaccionó Jesús cuando el paralítico que no podía movilizarse y que estaba imposibilitado de moverse por causa de la multitud, mostró su fe y dedicación con la ayuda de sus amigos? Jesús no regañó a este hombre por su comportamiento mal educado, sino que al contrario le dijo: "Hijo, tus pecados te son perdonados", y le permitió pararse y caminar de manera instantánea.

En Proverbios 8:17, Dios nos dice: *"Yo amo a los que me aman, y me hallan los que temprano me buscan"*. Si usted quiere ser libre de la angustia y la enfermedad, debe en primer lugar desear con todo su corazón ser sanado, creer en el poder de Dios que puede solucionar el problema de la enfermedad y aceptar a Jesucristo.

## Usted debe destruir el muro de pecado

Sin importar cuánto crea usted que puede ser sanado mediante el poder de Dios, Él no podrá obrar en su vida si entre usted y Él hay un muro de pecado. Es por esta razón que Isaías 1:15-17 nos dice: *"Cuando extendáis vuestras manos, yo esconderé de vosotros mis ojos; asimismo cuando multipliquéis la oración, yo no oiré; llenas están de sangre vuestras manos. Lavaos y limpiaos; quitad la iniquidad de vuestras obras de delante de mis ojos; dejad de hacer lo malo; aprended a hacer el bien; buscad el juicio, restituid al agraviado, haced justicia al huérfano, amparad a la viuda"*; y en el siguiente verso (v. 18), Él promete: *"Venid luego, dice Jehová, y estemos a cuenta: si vuestros pecados fueren como la grana, como la nieve serán emblanquecidos; si fueren rojos como el carmesí, vendrán a ser como blanca lana".* Además encontramos lo siguiente en Isaías 59:1-3:

*"He aquí que no se ha acortado la mano de Jehová para salvar, ni se ha agravado su oído para oír; pero vuestras iniquidades han hecho división entre vosotros y vuestro Dios, y vuestros pecados han hecho ocultar de vosotros su rostro para no oír. Porque vuestras manos están contaminadas de sangre, y vuestros dedos de iniquidad; vuestros labios pronuncian mentira, habla maldad vuestra lengua".*

Las personas que no conocen a Dios y no han aceptado a Jesucristo, quienes han llevado vidas de acuerdo a su propia manera, no reconocen que son pecadores. Cuando las personas aceptan a Jesucristo como su Salvador y reciben al Espíritu Santo como un don, el Espíritu Santo las convence de culpa con respecto al pecado, la justicia y el juicio, y así, reconocen y confiesan que son pecadores (Juan 16:18-11).

No obstante, debido a que hay instancias en las cuales las personas no conocen detalladamente lo que es el pecado, son incapaces de abstenerse del pecado y la maldad que hay en ellos para así recibir las respuestas de Dios. Por consiguiente, deben en primer lugar saber qué es lo que constituye el pecado ante los ojos de Dios. Debido a que todas las enfermedades y dolencias provienen del pecado, solo cuando uno se examina a sí mismo y destruye el muro de pecado, podrá experimentar la rápida obra de sanidad.

Profundicemos en lo que las Escrituras nos dicen respecto a lo que es el pecado y cómo debemos destruir el muro de pecado.

## 1. Usted debe arrepentirse de no haber creído en Dios ni haber aceptado a Jesucristo

La Biblia menciona que nuestra falta de fe en Dios y el no haber aceptado a Jesucristo como nuestro Salvador constituye un pecado (Juan 16:9). Una gran cantidad de no creyentes dicen que llevan vidas buenas, pero este tipo de personas no se conocen a sí mismos ya que ellos desconocen de la Palabra de verdad, la luz de Dios, y son incapaces de distinguir entre el bien y el mal.

Incluso si alguien tiene la certeza de haber llevado una vida buena, cuando esta se refleja frente a la verdad, que es la Palabra de Dios Todopoderoso quien ha creado todo en el universo y controla la vida, la muerte, la maldición y la bendición, se podrá encontrar injusticia y falsedad. Es por esta razón que la Biblia nos dice: *"...No hay justo, ni aun uno"* (Romanos 3:10), y *"...ya que por las obras de la ley ningún ser humano será justificado delante de él; porque por medio de la ley es el conocimiento del pecado"* (Romanos 3:20).

Cuando aceptamos a Jesucristo y nos convertimos en hijos de

Dios luego de arrepentirnos por no haber creído en Él ni haberlo aceptado, el Dios Todopoderoso se convertirá en nuestro Padre, y de esta manera se recibirá respuestas a cualquier enfermedad que se tenga.

## 2. Usted debe arrepentirse por no haber amado a sus hermanos

En 1 Juan 4:11 la Biblia nos dice: *"Amados, si Dios nos ha amado así, debemos también nosotros amarnos unos a otros".* Además nos recuerda que incluso debemos amar a nuestros enemigos (Mateo 5:44). Si nosotros odiamos a nuestros hermanos, seremos desobedientes a la Palabra de Dios, y por lo tanto estaremos pecando.

Ya que Jesús demostró Su amor por la humanidad, la cual mora en el pecado y la maldad, al ser crucificado en una cruz, lo más correcto para nosotros es amar a nuestros padres, hijos, hermanos y hermanas. No es correcto ante los ojos de Dios que nosotros odiemos y no estemos dispuestos a perdonar debido a malos sentimientos insignificantes y malos entendidos entre las personas.

En Mateo 18:23-35, Jesús nos habla acerca de la siguiente parábola:

*"Por lo cual el reino de los cielos es semejante a un rey que quiso hacer cuentas con sus siervos. Y*

*comenzando a hacer cuentas, le fue presentado uno que le debía diez mil talentos. A éste, como no pudo pagar, ordenó su señor venderle, y a su mujer e hijos, y todo lo que tenía, para que se le pagase la deuda. Entonces aquel siervo, postrado, le suplicaba, diciendo: Señor, ten paciencia conmigo, y yo te lo pagaré todo. El señor de aquel siervo, movido a misericordia, le soltó y le perdonó la deuda. Pero saliendo aquel siervo, halló a uno de sus consiervos, que le debía cien denarios; y asiendo de él, le ahogaba, diciendo: Págame lo que me debes. Entonces su consiervo, postrándose a sus pies, le rogaba diciendo: Ten paciencia conmigo, y yo te lo pagaré todo. Mas él no quiso, sino fue y le echó en la cárcel, hasta que pagase la deuda. Viendo sus consiervos lo que pasaba, se entristecieron mucho, y fueron y refirieron a su señor todo lo que había pasado. Entonces, llamándole su señor, le dijo: Siervo malvado, toda aquella deuda te perdoné, porque me rogaste. ¿No debías tú también tener misericordia de tu consiervo, como yo tuve misericordia de ti? Entonces su señor, enojado, le entregó a los verdugos, hasta que pagase todo lo que le debía. Así también mi Padre celestial hará con vosotros si no perdonáis de todo corazón cada uno a su hermano sus ofensas".*

Aunque hayamos recibido el perdón y la gracia de parte

de Dios el Padre, ¿somos incapaces o no estamos dispuestos a aceptar las fallas y defectos de nuestros hermanos, sino al contrario, tendemos a desarrollar rivalidad, a hacernos enemigos y provocar problemas los unos con los otros?

Dios nos dice: *"Todo aquel que aborrece a su hermano es homicida; y sabéis que ningún homicida tiene vida eterna permanente en él"* (1 Juan 3:15), *"Así también mi Padre celestial hará con vosotros si no perdonáis de todo corazón cada uno a su hermano sus ofensas"* (Mateo 18:35) y además nos insta lo siguiente: *"Hermanos, no os quejéis unos contra otros, para que no seáis condenados; he aquí, el juez está delante de la puerta"* (Santiago 5:9).

Debemos notar que si no tenemos amor sino que odiamos a nuestro hermano, entonces nosotros también hemos pecado y, de esta manera, no seremos llenos del Espíritu Santo sino que seremos afligidos. Por consiguiente, aunque nuestros hermanos nos odien y nos desprecien, no debemos devolverles las mismas cosas, al contrario, tenemos que guardar nuestro corazón con la verdad, comprenderlos y perdonarlos. Nuestros corazones deben estar dispuestos a ofrecer una oración de amor por dichos hermanos y hermanas. Cuando nosotros entendemos, perdonamos y amamos a los demás con la ayuda del Espíritu Santo, Dios también nos mostrará Su compasión y misericordia, y manifestará la obra de sanidad.

### 3. Usted debe arrepentirse si alguna vez ha orado con codicia

Cuando Jesús sanó a un muchacho que estaba poseído por un espíritu, Sus discípulos le preguntaron: *"¿Por qué nosotros no pudimos echarle fuera?"* (Marcos 9:28); Jesús les respondió: *"Este género con nada puede salir, sino con oración y ayuno"* (Marcos 9:29).

Para poder recibir sanidad a cierto nivel, se debe ofrecer oración y clamor. Sin embargo, la oración por intereses personales no será respondida ya que Dios no se deleita en ella. Él nos ha encomendado: *"Si, pues, coméis o bebéis, o hacéis otra cosa, hacedlo todo para la gloria de Dios"* (1 Corintios 10:31). Por consiguiente, el propósito de nuestro estudio y de alcanzar la fama o el poder debe ser todo para la gloria de Dios. En Santiago 4:2-3 encontramos lo siguiente: *"Codiciáis, y no tenéis; matáis y ardéis de envidia, y no podéis alcanzar; combatís y lucháis, pero no tenéis lo que deseáis, porque no pedís. Pedís, y no recibís, porque pedís mal, para gastar en vuestros deleites"*.

Pedir sanidad para poder mantener una vida saludable es algo para glorificar a Dios; recibirá una respuesta cuando clame por ello. No obstante, si usted no recibe sanidad incluso cuando ya pidió por ella, quizás sea porque no está buscando algo apropiado en la verdad, aunque Dios quiera darle incluso cosas mayores en más ocasiones.

¿Con qué tipo de oración Dios se deleita? Tal como nos dice Jesús en Mateo 6:33: *"Mas buscad primeramente el reino de Dios y su justicia, y todas estas cosas os serán añadidas"*, en vez de preocuparnos por la comida, la ropa y así por el estilo, debemos primeramente agradar a Dios al ofrecer oraciones para Su reino y Su justicia, además de la evangelización y la santificación. De esta manera, Dios responderá los deseos de su corazón y le dará sanidad completa de su enfermedad.

## 4. Usted debe arrepentirse si alguna vez ha orado dudando

Dios se agrada con la oración que muestra la fe de la persona. Sobre esto, en Hebreos 11:6 encontramos: *"Pero sin fe es imposible agradar a Dios; porque es necesario que el que se acerca a Dios crea que le hay, y que es galardonador de los que le buscan"*. Con respecto al mismo tema, Santiago 1:6-7 nos recuerda: *"Pero pida con fe, no dudando nada; porque el que duda es semejante a la onda del mar, que es arrastrada por el viento y echada de una parte a otra. No piense, pues, quien tal haga, que recibirá cosa alguna del Señor"*.

Las oraciones que se ofrecen con duda, indican que uno desconfía del Dios Todopoderoso, deshonra Su poder y lo hace parecer un Dios incompetente. Usted debe arrepentirse por completo en seguida, asemejarse a los padres de la fe y orar de manera ferviente y diligente para poseer por medio de la fe lo que puede creer con su corazón.

En muchas partes de la Biblia, encontramos que Jesús amó a aquellos que poseyeron gran fe, los escogió como Sus obreros y llevó a cabo Su ministerio por medio de ellos y con ellos. Cuando las personas no pudieron demostrar su fe, Jesús reprochó incluso a Sus discípulos por tener poca fe (Mateo 8:23-27); sin embargo, elogió y amó a aquellos que poseían una gran fe, a pesar de que algunos fueron gentiles (Mateo 8:10).

¿Cómo ora usted y qué tipo de fe posee?

En Mateo 8:5-13 un centurión se acercó a Jesús a pedirle que sane a uno de sus criados, quien estaba postrado en su casa paralizado y sumergido en un terrible sufrimiento. Cuando Jesús le dijo al centurión: *"Yo iré y le sanaré"* (v. 7), el centurión le respondió: *"Señor, no soy digno de que entres bajo mi techo; solamente di la palabra, y mi criado sanará"* (v. 8), y de esta manera le demostró su fe grande. Luego de escuchar el comentario del centurión, Jesús se deleitó y lo elogió: *"De cierto os digo, que ni aun en Israel he hallado tanta fe"* (v. 10). El criado del centurión fue sanado en ese mismo instante.

En Marcos 5:21-43 está registrado el caso de una obra de sanidad asombrosa. Cuando Jesús se encontraba a la orilla del mar, uno de los principales de la sinagoga llamado Jairo fue donde Él y se postró a Sus pies. Jairo le suplicó a Jesús: *"Mi hija está agonizando; ven y pon las manos sobre ella para que sea salva, y vivirá"* (v. 23).

Mientras Jesús caminaba con Jairo, una mujer que padecía de flujo de sangre por doce años se le acercó. Ella había sufrido mucho a manos de una gran cantidad de médicos y había gastado todo su dinero; aun así, en vez de mejorar, esta mujer empeoró.

Ella había oído que Jesús estaba cerca y en medio de la multitud que lo seguía, se le acercó por detrás y tocó su manto. Debido a que ella creyó y dijo: *"Si tocare tan solo su manto, seré salva"* (v. 28), al momento que esta mujer colocó sus manos en el manto de Jesús, inmediatamente el flujo de sangre se detuvo y sintió en su cuerpo que fue sanada de su enfermedad. Inmediatamente Jesús, al sentir que de Él salió poder, volteo estando en medio de la multitud y dijo: *"¿Quién ha tocado mis vestidos?"* (v. 30) Cuando la mujer confesó la verdad y dijo que había sido ella, Jesús le respondió: *"Hija, tu fe te ha hecho salva; ve en paz, y queda sana de tu azote"* (v. 34). Le otorgó salvación a esta mujer, así como la bendición de la salud.

En ese momento, gente que venía de la casa de Jairo fueron a decirle: *"Tu hija ha muerto"* (v. 35). Jesús le aseguró y le dijo a Jairo: *"No temas, cree solamente"* (v. 36), y continuó caminando hacia la casa de él. Cuando llegaron, Jesús dijo a las personas: *"La niña no está muerta, sino duerme"* (v. 39), y le dijo a ella: *"Talita cumi" (que significa: "Niña, a ti te digo, levántate")* (v. 41). Al instante la niña se paró y comenzó a caminar.

Crea que cuando usted pide con fe, incluso una enfermedad grave puede ser sanada y aún puede levantarse de la muerte. Si hasta este momento usted ha orado dudando, debe arrepentirse de ese pecado para que reciba sanidad y fortaleza.

### 5. Usted debe arrepentirse por desobedecer los mandamientos de Dios

En Juan 14:21 Jesús nos dice: *"El que tiene mis mandamientos, y los guarda, ése es el que me ama; y el que me ama, será amado por mi Padre, y yo le amaré, y me manifestaré a él"*. En 1 Juan 3:21-22 se nos recuerda lo siguiente: *"Amados, si nuestro corazón no nos reprende, confianza tenemos en Dios; y cualquiera cosa que pidiéremos la recibiremos de él, porque guardamos sus mandamientos, y hacemos las cosas que son agradables delante de él"*. Un pecador no puede tener confianza ante Dios. No obstante, si nuestro corazón es honorable y sin falta cuando somos medidos con la Palabra de verdad, podemos confiadamente pedirle cualquier cosa a Dios.

Por consiguiente, en calidad de creyente en Dios, debe aprender y comprender los Diez Mandamientos, los cuales sirven como extracto de los sesenta y seis libros de la Biblia, y descubrir cuánto de su vida está en desobediencia de ellos.

I. ¿He tenido alguna vez otros dioses delante de Dios?

II. ¿Alguna vez me he hecho ídolos de mis posesiones, hijos, riquezas, negocio y demás; y los he adorado?

III. ¿He tomado alguna vez el nombre de Dios en vano?

IV. ¿Guardo siempre el Día del Señor como un día santo?

V. ¿Honro siempre a mis padres?

VI. ¿He cometido alguna vez homicidio físico o he matado espiritualmente al odiar a mis hermanos y hermanas o causar que ellos pequen?

VII. ¿Alguna vez he cometido adulterio, incluso en mi corazón?

VIII. ¿Alguna vez he robado?

IX. ¿Alguna vez he dado falso testimonio en contra de mi prójimo?

X. ¿He codiciado alguna vez las posesiones de mi prójimo?

Además, debe examinarse y ver si es que ha guardado los

mandamientos de Dios al amar a su prójimo como a sí mismo. Cuando obedece Sus mandamientos y le pide algo, el Dios de poder sanará todas y cada una de las enfermedades.

## 6. Usted debe arrepentirse por no haber sembrado en Dios

Ya que Dios controla todo en el universo, Él ha establecido una serie de leyes para el reino espiritual y, ya que es un juez justo, Él guía y conduce todas las cosas según dichas leyes.

En Daniel 6, el rey Darío se encontraba en una situación muy difícil en la que no podía salvar a su querido siervo Daniel del foso de los leones, a pesar de que él era el rey. Debido a que había puesto en decreto lo que había dictado, Darío no podía desobedecer la ley que él mismo había establecido. Si el rey era el primero en quebrantar las reglas y desobedecer la ley, ¿quién le obedecería y lo serviría? Es por esta razón que, aunque su apreciado siervo Daniel estaba a punto de ser arrojado al foso de los leones por la trampa que le tendieron hombres malvados, no había nada que Darío pudiera hacer.

De la misma manera, Dios no quebranta las reglas ni desobedece la ley que Él mismo ha establecido; todas las cosas en el universo se mueven en un preciso orden bajo Su soberanía. Es por esta razón que Gálatas 6:7 dice: *"No os engañéis; Dios no puede ser burlado: pues todo lo que el hombre sembrare, eso también segará"*.

Mientras más siembre en la oración, recibirá respuestas y crecerá espiritualmente, y su ser interior será fortalecido y su espíritu renovado. Si usted ha estado enfermo o ha tenido dolencias pero ahora siembra su tiempo y su amor por Dios al participar diligentemente de todos los servicios de adoración, entonces recibirá la bendición de la salud y sin lugar a duda sentirá que su cuerpo cambia. Si siembra riquezas en Dios, Él lo protegerá y lo amparará de las pruebas, y además le dará la bendición de riquezas aún mayores.

Mediante la comprensión de lo importante que es sembrar en Dios, cuando se abstiene de poner su esperanza en este mundo que va en  decadencia y perece, sino que al contrario, comienza a acumular su recompensa en el Cielo en fe verdadera, el Dios Todopoderoso le llevará a una vida saludable en todo momento.

Mediante la Palabra de Dios, hemos examinado hasta ahora lo que se ha convertido en un muro entre Dios y el hombre, y por qué hemos estado viviendo en la angustia de la enfermedad. Si usted no ha creído en Dios y ha sufrido de enfermedades, acepte a Jesús como su Salvador y comience una vida en Cristo. No tenga miedo de aquellos que pueden matar la carne. En su lugar, por temor a Aquel que puede condenar la carne y el espíritu al Infierno, mantenga en guardia su fe en el Dios que puede sakvar de las persecuciones a sus padres, hermanos, cónyuge, suegros y el resto de personas. Cuando Dios reconozca su fe, Él obrará y así usted podrá recibir la gracia de la sanidad.

Si usted es un creyente que sufre de enfermedades, examine su vida para saber si es que hay algún rastro de maldad como el odio, los celos, la envidia, la injusticia, la inmundicia, la codicia, motivaciones malvadas, homicidio, disputa, murmuración, calumnias, orgullo y así por el estilo. Mediante la oración a Dios y el acto de recibir perdón por Su compasión y misericordia, también se recibe la respuesta a los problemas de su salud.

Muchas personas tratan de negociar con Dios. Dicen que si Dios en primer lugar sana sus enfermedades y dolencias, entonces creerán y además seguirán a Jesús. No obstante, debido a que Dios conoce el fondo del corazón de cada uno, solo después de que las personas sean limpias espiritualmente, Él sanará a cada una de sus enfermedades físicas.

Ruego en el nombre del Señor que, al entender que los pensamientos del hombre y los pensamientos de Dios son diferentes, pueda primeramente obedecer la voluntad de Dios para que su espíritu esté bien, mientras recibe las bendiciones de la sanidad a sus enfermedades.

Capítulo 3

# Dios el Sanador

## Éxodo 15:26 LBLA

*"Si escuchas atentamente la voz del SEÑOR tu Dios, y haces lo que es recto ante sus ojos, y escuchas sus mandamientos, y guardas todos sus estatutos, no te enviaré ninguna de las enfermedades que envié sobre los egipcios; porque yo, el SEÑOR, soy tu sanador".*

## ¿Por qué las personas se enferman?

Aunque Dios desea que todos Sus hijos lleven vidas sanas, muchos de ellos sufren del dolor de la enfermedad, incapaces de poder resolver este problema. Así como hay una causa para cada consecuencia, también hay una causa para cada enfermedad. Cualquier enfermedad puede ser curada rápidamente una vez que se determine la causa. De la misma manera, todos aquellos que deseen recibir sanidad deben primeramente determinar las causas de sus enfermedades. En base a la Palabra de Dios escrita en Éxodo 15:26, nos profundizaremos en la causa de la enfermedad y las formas en que podemos ser libres de ella para llevar vidas saludables.

'El Señor' es un nombre designado para Dios y quiere decir: "YO SOY EL QUE SOY" (Éxodo 3:14 LBLA). Este nombre indica que todos los demás seres están sujetos a la autoridad del Dios más venerado. En base a la manera en la que Dios hace referencia a Sí mismo como 'el SEÑOR que te sana' (Éxodo 15:26), aprendemos del amor de Dios que nos libera de la agonía de la enfermedad y el poder de Dios que sana todas las enfermedades.

En Éxodo 15:26 (LBLA) Dios nos promete: *"Si escuchas atentamente la voz del SEÑOR tu Dios, y haces lo que es recto ante sus ojos, y escuchas sus mandamientos, y guardas todos sus estatutos, no te enviaré ninguna de las enfermedades que envié sobre los egipcios; porque yo, el SEÑOR, soy tu sanador"*. De esta manera, si usted se enferma, sirve como prueba de que usted no ha escuchado con cuidado la voz de Dios, no ha hecho lo correcto delante de Sus ojos y no ha guardado Sus mandamientos.

Debido a que los hijos de Dios son ciudadanos del Cielo, deben permanecer en la ley de Cielo. Sin embargo, si los ciudadanos del Cielo no quieren obedecer sus leyes, Dios no puede protegerlos ya que el pecado infringe la ley (1 Juan 3:4). De esta manera, la fuerza de la enfermedad se infiltrará, dejando a los hijos desobedientes de Dios bajo la angustia de dicha enfermedad.

Examinemos detalladamente las maneras en las cuales nosotros podemos enfermarnos, la causa de la enfermedad y cómo el poder del Dios sanador puede curar a aquellos que sufren de alguna enfermedad.

## Casos en que uno se enferma por causa de su pecado

A través de la Biblia, Dios nos dice una y otra vez que la causa de la enfermedad es el pecado. En Juan 5:14 leemos: *"Después le halló Jesús en el templo, y le dijo: Mira, has sido sanado; no peques más, para que no te venga alguna cosa peor"*. Este verso nos recuerda que si una persona sigue pecando, podría enfermarse de manera más grave que antes, y que además, por causa del pecado las personas se enferman.

En Deuteronomio 7:12-15 Dios nos promete lo siguiente: *"Y por haber oído estos decretos y haberlos guardado y puesto por obra, Jehová tu Dios guardará contigo el pacto y la misericordia que juró a tus padres. Y te amará, te bendecirá y te multiplicará, y bendecirá el fruto de tu vientre y el fruto de tu tierra, tu grano, tu mosto, tu aceite, la cría de tus vacas, y los rebaños de tus ovejas, en la tierra que juró a tus padres que te daría. Bendito serás más que todos los pueblos; no habrá en ti varón ni hembra estéril, ni en tus ganados. Y quitará Jehová de ti toda enfermedad; y todas las malas plagas de Egipto, que tú conoces, no las pondrá sobre ti, antes las pondrá sobre todos los que te aborrecieren".* Las personas que odian tienen maldad y pecado, y sobre las vida de dichas personas recaerá la enfermedad.

En Deuteronomio 28, comúnmente conocido como 'El capítulo de la bendición', Dios nos dice todos los tipos de bendiciones que recibiremos cuando le obedezcamos por completo y cuidadosamente sigamos todos Sus mandamientos. Además nos menciona los tipos de maldiciones que vendrán sobre nosotros y nos alcanzarán si es que no seguimos cuidadosamente Sus mandamientos y decretos.

En especial se menciona detalladamente los tipos de males a los que estaremos expuestos si es que desobedecemos a Dios. Estos son plagas, enfermedades degenerativas, fiebre, inflamación, calor abrazador y sequía, calamidad repentina y ruina, las úlceras de Egipto, tumores, sarna, y comezón de la que no se podrá ser curado, locura, ceguera y turbación de espíritu de la que no habrá quien salve, heridas en las rodillas y piernas de las que no podrá ser curado, desde la planta de los pies hasta la coronilla (Deuteronomio 28:21-35).

Mediante la correcta comprensión de que la causa de la enfermedad es el pecado, si usted se encuentra enfermo debe primeramente arrepentirse por no haber vivido mediante la Palabra de Dios y debe recibir el perdón. Una vez que haya recibido la sanidad por vivir de acuerdo a la Palabra, ya no debe pecar de nuevo.

## Casos en que uno se enferma aunque no crea que ha pecado

Algunas personas dicen que han enfermado a pesar de no haber pecado. No obstante, la Palabra de Dios nos dice que si hacemos lo correcto ante los ojos de Él, si prestamos atención a Sus mandamientos y guardamos todos Sus decretos, entonces Dios no nos infligirá ninguna enfermedad. Si es que estamos enfermos, debemos reconocer que a lo largo de nuestro camino no hemos hecho lo que era correcto ante los ojos de Dios ni hemos guardado Sus decretos.

Entonces, ¿cuál es el pecado que causa las enfermedades?

Si alguien utiliza el cuerpo saludable que Dios le ha dado sin dominio propio o con inmoralidad, si desobedece Sus mandamientos, comete errores o lleva una vida desorganizada, se pone a sí mismo en una posición de gran riesgo de enfermedad. A esta categoría de enfermedad pertenece también el trastorno del aparato digestivo causado por un patrón de alimentación excesivo o irregular, la enfermedad del hígado provocada por fumar o ingerir bebidas alcohólicas, y muchos otros tipos de enfermedades por el exceso de trabajo corporal.

Quizás esto no parezca pecado desde el punto de vista del hombre, pero a los ojos de Dios sí lo es. Comer de manera excesiva es un pecado debido a que muestra la avaricia de uno y la incapacidad de ejercer autocontrol. Si alguien se encuentra enfermo por causa de un patrón irregular de alimentación, su pecado no es el de no haber llevado una vida rutinaria o no haber guardado las horas apropiadas para alimentarse, sino que ha abusado de su cuerpo sin tener dominio propio. Si una persona se ha enfermado después de consumir alimentos que aún no estaban preparados, su pecado es la impaciencia; no haber hecho conforme a la verdad.

Si alguien utiliza un cuchillo sin tener cuidado y se corta, y luego la herida se infecta, esto es también el resultado de su pecado. Si realmente amara a Dios, Él lo hubiera protegido de los accidentes. Incluso si ha cometido un error, Dios le proveerá una salida y, debido a que Él obra para el bien de las personas que lo aman, el cuerpo no sufrirá daños. De esta manera, se causará heridas y lesiones si el individuo actúa de manera precipitada y no de una manera virtuosa; ambas formas no son rectas ante los ojos de Dios, y esto hace que sus acciones sean pecaminosas.

La misma regla se aplica al fumar e ingerir bebidas alcohólicas. Si uno es consciente que el fumar nubla su mente, daña sus bronquios y que causa cáncer, pero es incapaz de dejarlo, y además, si es consciente que la toxicidad que se encuentra en el alcohol daña sus intestinos y deteriora los órganos del cuerpo, y aún así no puede dejarlo, se convierte en un acto pecaminoso. Esto muestra su incapacidad de controlar su avaricia y a sí mismo, la falta de amor por su propio cuerpo y el no seguir la voluntad de Dios. ¿Cómo se puede decir que esto no es pecado?

Aunque no hubiéramos tenida la certeza de que todas las enfermedades son el resultado del pecado, ahora podemos estar seguros después de haber examinado muchos casos diferentes y medirlos en comparación con la Palabra de Dios. Debemos siempre obedecer y vivir por la Palabra para que seamos liberados de la enfermedad. En otras palabras, cuando nosotros hacemos lo que es correcto ante Sus ojos, prestamos atención a Sus mandamientos y guardamos todos Sus decretos, Dios nos protege y nos cubre de la enfermedad en todo tiempo.

## Enfermedades causadas por neurosis y otros tipos de trastornos mentales

Las estadísticas nos muestran que el número de personas que sufren de neurosis y otros trastornos mentales está en aumento. Si las personas son pacientes tal como la Palabra de Dios les instruye y si perdonan, aman y entienden de acuerdo a la verdad, podrán ser liberadas fácilmente de dichas enfermedades. No obstante, aún hay residuos de maldad en sus corazones; esto les impide vivir según la Palabra. La angustia mental deteriora otras partes del cuerpo y el sistema inmunológico, eventualmente esto conduce a la enfermedad. Cuando vivimos por la Palabra nuestras emociones no serán conmovidas, no seremos personas de mal carácter y nuestras mentes no serán incitadas.

Hay personas a nuestro alrededor que no parecen ser malas sino buenas, no obstante sufren de este tipo de enfermedades. Debido a que se abstienen incluso de la expresión de emociones comunes y corrientes, sufren de enfermedades mucho más graves que las personas que sí desfogan su ira y enojo. La bondad en la verdad no es la agonía que surge del conflicto entre emociones contrastantes, al contrario, es el comprenderse el uno al otro con perdón y amor y deleitarse con dominio propio y paciencia.

Además, cuando las personas cometen pecados conscientemente, llegan a sufrir de trastornos mentales, angustia y destrucción. Debido a que no actúan con bondad sino que caen profundamente en la maldad, su sufrimiento mental crea una enfermedad. Debemos conocer que la neurosis y otros trastornos mentales son voluntarios, siendo causados por nuestra propia necedad y malos caminos. Incluso en este tipo de casos, el Dios de amor sanará a todo aquel que lo busque y desee recibir Su sanidad. Además, les dará esperanza por el Cielo y les permitirá morar en verdadera felicidad y comodidad.

## Las enfermedades provenientes del enemigo diablo también son causadas por el pecado

Algunos han sido poseídos por Satanás y sufren todo tipo de enfermedades que el enemigo diablo les lanza. Esto se debe a que han olvidado la voluntad de Dios y se han apartado de la verdad. La razón por la que un gran número de personas están enfermas, discapacitadas físicamente y poseídas por demonios en familias que han adorado a los ídolos en extremo, es porque Dios aborrece a los adoradores de ídolos.

En Éxodo 20:5-6 encontramos: *"No te inclinarás a ellas, ni las honrarás; porque yo soy Jehová tu Dios, fuerte, celoso, que visito la maldad de los padres sobre los hijos hasta la tercera y cuarta generación de los que me aborrecen, y hago misericordia a millares, a los que me aman y guardan mis mandamientos"*. Él nos dio un mandamiento especial, que nos prohíbe adorar ídolos. De los Diez Mandamientos que Él nos ha dado, podemos distinguir fácilmente cuánto aborrece la idolatría en base a los dos primeros. Estos dicen: *"No tendrás dioses ajenos delante de mí. No te harás imagen, ni ninguna semejanza de lo que esté arriba en el cielo, ni abajo en la tierra, ni en las aguas debajo de la tierra"* (versos 3 y 4).

Si los padres desobedecen la voluntad de Dios y adoran ídolos, sus hijos seguirán esa dirección de manera natural. Si los padres no obedecen la Palabra de Dios y hacen lo malo, sus hijos naturalmente los imitarán y harán lo malo. Cuando el pecado de desobediencia alcanza la tercera y cuarta generación, en calidad de paga por el pecado, provocará que los descendientes sufran enfermedades que el enemigo diablo les ocasiona.

Sin embargo, aunque los padres hayan adorado ídolos, si los hijos adoran a Dios por la bondad de su corazón, Él mostrará Su amor y misericordia y los bendecirá. Aunque las personas estén al momento sufriendo por las enfermedades causadas por el diablo enemigo tras haber abandonado la voluntad de Dios y haberse desviado de la verdad, si se arrepienten y cambian sus maneras pecaminosas, Dios el Sanador los limpiará. A algunos los sanará inmediatamente. A otros los sanará después, y a otros incluso los sanará según el crecimiento de su fe. La obra de sanidad tomará lugar de acuerdo a la voluntad de Dios: si las personas tienen un corazón inmutable ante Sus ojos, serán sanados al instante. Sin embargo, si su corazón es astuto, serán sanados posteriormente.

## Seremos sanados de la enfermedad cuando vivamos con fe

Ya que Moisés era el hombre más humilde sobre la faz de la tierra (Números 12:3) y era fiel en toda la casa de Dios, fue considerado como un siervo de Dios digno de confianza (Números 12:7). La Biblia también nos dice que cuando Moisés murió a la edad de ciento veinte años, sus ojos nunca se habían oscurecido ni habían perdido su vigor (Deuteronomio 34:7). Ya que Abraham fue un hombre íntegro que obedeció con fe y reverenció a Dios, él vivió hasta la edad de 175 años (Génesis 25:7). Daniel se mantuvo saludable a pesar de haber comido únicamente vegetales (Daniel 1:12-16); por otro lado, Juan el Bautista era robusto aunque comió solo langostas y miel silvestre (Mateo 3:4).

Uno puede preguntarse cómo puede la gente mantenerse saludable sin consumir carne. Pues, cuando Dios creó al hombre, le dijo que comiera únicamente frutas. En Génesis 2:16-17, Dios le dice al hombre: *"De todo árbol del huerto podrás comer; mas del árbol de la ciencia del bien y del mal no comerás; porque el día que de él comieres, ciertamente morirás"*. Después de la desobediencia de Adán, Dios le permitió que comiera solo plantas del campo (Génesis 3:18), y con el aumento del pecado en este mundo, tras el juicio del Diluvio, Dios le dijo a Noé en Génesis 9:3: *"Todo lo que se mueve y vive, os será para mantenimiento: así como las legumbres y plantas verdes, os lo he dado todo".* Ya que el hombre se tornó cada vez más malo, Dios le permitió comer carne, excepto los alimentos "abominables" (Levítico 11; Deuteronomio 14).

En los tiempos del Nuevo Testamento, en Hechos 15:29 (LBLA) Dios nos dice: *"que os abstengáis de cosas sacrificadas a los ídolos, de sangre, de lo estrangulado y de fornicación. Si os guardáis de tales cosas, bien haréis. Pasadlo bien".* Él nos permitió comer alimentos de beneficio para nuestra salud y nos advierte que nos abstengamos de lo que nos es dañino; para nosotros sería de gran beneficio no comer ni beber alimentos que no son agradables a Dios. Mientras nos sujetemos a la voluntad de Dios y vivamos con fe, nuestros cuerpos se tornarán más fuertes, las enfermedades se apartarán y ninguna dolencia nos invadirá.

Es más, si vivimos con rectitud y fe no enfermaremos porque hace dos mil años atrás Jesucristo vino a este mundo y cargó todas nuestras pesadas cargas. Ya que creemos que Jesús nos redimió de nuestros pecados por medio del derramamiento de Su sangre, y que por Sus llagas y por haber tomado nuestras enfermedades somos sanados (Mateo 8:17), todo se dará de acuerdo a nuestra fe (Isaías 53:5-6; 1 Pedro 2:24).

Antes de conocer a Dios, no teníamos fe. Vivíamos en busca de los deseos de nuestra naturaleza pecaminosa y sufríamos una variedad de enfermedades como resultado de nuestro pecado. Si vivimos con fe y hacemos todo con rectitud, seremos bendecidos con salud física.

Ya que la mente estará sana, el cuerpo estará sano. Al habitar en la rectitud y actuar de acuerdo con la Palabra de Dios, nuestros cuerpos serán llenos del Espíritu Santo. Las enfermedades nos abandonarán y nuestros cuerpos recibirán la salud física; ninguna enfermedad infiltrará nuestras vidas. Ya que nuestros cuerpos tendrán paz, se sentirán livianos, con gozo y saludables, no tendremos falta de nada sino que estaremos agradecidos por la salud que Dios nos da.

¡Que usted viva en rectitud y con fe para que sea sanado de todas sus dolencias y enfermedades mientras prospera su alma, y que reciba salud. Que reciba también el abundante amor de Dios al obedecer y vivir según Su Palabra; esta es mi oración en el nombre del Señor!

Capítulo 4

Por Su llaga
fuimos nosotros curados

## Isaías 53:4-5

*"Ciertamente llevó él nuestras enfermedades, y sufrió nuestros dolores; y nosotros le tuvimos por azotado, por herido de Dios y abatido. Mas él herido fue por nuestras rebeliones, molido por nuestros pecados; el castigo de nuestra paz fue sobre él, y por su llaga fuimos nosotros curados".*

## Jesús, como Hijo de Dios, puede sanar todas las enfermedades

Mientras las personas navegan por diferentes cursos en la vida, encuentran una variedad de problemas. Así como el mar no siempre está calmado, en el mar de la vida hay muchos problemas que surgen del hogar, el trabajo, los negocios, las enfermedades, las riquezas y así por el estilo. Y no sería una exageración afirmar que entre estos problemas de la vida, el más significativo es el de la enfermedad.

Sin importar la cantidad de riqueza y el conocimiento que un individuo pueda poseer, si padece de una enfermedad crítica, todo por lo que él ha trabajado durante su vida no será más que una burbuja. Por una parte, encontramos que mientras la civilización materialista y las riquezas se incrementan, el deseo de las personas por disfrutar de buena salud también está en aumento. Por otra parte, no importa cuánto la ciencia y la medicina se hayan desarrollado, nuevas cepas poco comunes de enfermedades contra las cuales el conocimiento del hombre es inútil, están siendo continuamente descubiertas, y el número de personas que padecen de las mismas está en constante incremento. Tal vez sea por eso que en la actualidad incluso hay un mayor énfasis en la salud.

El sufrimiento, la enfermedad y la muerte, todas provenientes del pecado, personifican las limitaciones del hombre. Tal como lo hizo en el tiempo del Antiguo Testamento, Dios el Sanador nos presenta en la actualidad la manera por la cual, las personas que creen en Él, pueden ser sanadas de todas las enfermedades mediante su fe en Jesucristo. Examinemos la Biblia y veamos por qué recibimos respuestas a nuestros problemas de enfermedad y llevamos vidas saludables mediante nuestra fe en Jesucristo.

Cuando Jesús le preguntó a Sus discípulos: "¿Quién decís que soy yo?" Simón Pedro respondió: *"Tú eres el Cristo, el Hijo del Dios viviente"* (Mateo 16:15-16). Esta respuestas puede sonar bastante sencilla, pero también revela claramente que solo Jesús es el Cristo.

Durante Su ministerio, una gran cantidad de personas lo siguieron ya que Él inmediatamente sanaba a las personas que se encontraban enfermas. Esto incluía a personas poseídas por demonios, epilépticos, paralíticos y otros que sufrían de una gran variedad de enfermedades. Cuando los leprosos, personas con fiebre, inválidos, ciegos y demás fueron sanados, comenzaron a seguirlo y a servirle. ¡Cuán maravilloso hubiera sido ver todo esto! Al ser testigos de dichos milagros y prodigios, las personas creyeron y aceptaron a Jesús; recibieron respuestas a sus problemas en la vida y los enfermos experimentaron la obra de sanidad. Es más, de la misma manera que Jesús sanó a las personas en esa época, cualquiera que se acerca a Jesús en la actualidad puede también recibir sanidad.

Un hombre muy parecido a un paralítico asistió al Servicio

de Adoración de la Vigilia entera del viernes poco tiempo después de haber fundado la iglesia. Luego de un accidente automovilístico, él recibió terapia durante mucho tiempo en el hospital. Sin embargo, debido a que los tendones en su rodilla estaban estirados, era incapaz de doblarla y, ya que no podía mover su pantorrilla, para él era imposible caminar. Mientras escuchaba la Palabra en la predicación, anheló aceptar a Jesucristo y ser sanado. Al momento de orar ferviente por este hombre, de manera inmediata se puso de pie y comenzó a caminar y a correr al igual que el cojo que se encontraba en la puerta del templo llamado la Hermosa, quien saltó con sus pies y comenzó a caminar luego de la oración de Pedro (Hechos 3:1-10). ¡Una obra milagrosa se manifestó de parte de Dios!

Esto sirve de prueba de que cualquier persona que crea en Jesucristo y reciba perdón en Su nombre, puede ser completamente sanada de todas sus enfermedades, a pesar de que para la ciencia médica no haya una cura, su cuerpo es renovado y restaurado. Dios, quien es el mismo ayer, hoy y siempre (Hebreos 13:8), obra en las personas que creen en Su Palabra y buscan de acuerdo a su medida de fe, Él los sana de diversas enfermedades, abre los ojos de los ciegos y hace que los cojos se levanten.

Todo aquel que ha aceptado a Jesucristo, ha recibido el perdón de todos sus pecados y se ha convertido en un hijo de Dios, debe ahora vivir una vida con libertad.

Examinemos detalladamente por qué cada uno de nosotros puede llevar una vida saludable al momento de creer en Jesucristo.

## Jesús fue azotado y derramó Su sangre

Antes de Su crucifixión, Jesús fue azotado por los soldados romanos y derramó Su sangre en el juicio de Poncio Pilato. Los soldados romanos en ese entonces tenían una salud robusta, eran extremadamente fuertes y muy bien entrenados. Después de todo, eran los soldados del imperio que en ese momento gobernaba a todo el mundo. El terrible dolor que Jesús soportó cuando estos soldados fuertes lo azotaron y flagelaron, no se puede describir adecuadamente con palabras. En cada uno de los azotes, el látigo se enredaba en el cuerpo de Jesús y este arrancaba la carne de su cuerpo y Su sangre se derramaba.

¿Por qué Jesús, el Hijo de Dios sin pecado, culpa o defecto, tuvo que ser azotado fuertemente y derramar Su sangre por los pecadores? Dentro de este evento, se encuentra una implicación espiritual de gran profundidad y una asombrosa promesa de Dios.

En 1 Pedro 2:24 se nos dice que 'por las heridas de Jesús hemos sido sanados'. En Isaías 53:5 leemos que 'por Sus llagas hemos sido curados'. Hace aproximadamente dos mil años, Jesús el Hijo de Dios, fue azotado para que pudiéramos ser redimidos de la agonía de la enfermedad; la sangre que Él derramó fue por nuestro pecado de no haber vivido según la Palabra de Dios. Cuando nosotros creemos en Jesús quien fue azotado y derramó Su sangre, ya hemos sido liberados de nuestras enfermedades y hemos sido sanados. Esta es una muestra del increíble amor y sabiduría de Dios.

Por consiguiente, si está sufriendo de alguna enfermedad como hijo de Dios, arrepiéntase de su pecado y crea que ya ha sido sanado. Ya que: *"Es, pues, la fe la certeza de lo que se espera, la convicción de lo que no se ve"* (Hebreos 11:1), aunque sienta dolor en partes afectadas de su cuerpo, por medio de la fe con la cual puede ver y decir: "Yo ya he sido sanado", en efecto será curado rápidamente.

Durante los años de primaria me lastimé una de mis costillas, y cada vez que eso ocurría, el dolor era tan insoportable que tenía dificultades para respirar. Luego de uno o dos años después de aceptar a Jesucristo, el dolor volvió cuando intenté levantar un objeto pesado y no pude ni siquiera dar un paso más. Sin embargo, debido a que había experimentado y creído en el poder del Dios Todopoderoso, oré fervientemente: "Cuando me mueva poco después de orar, yo creo que el dolor desaparecerá y podré caminar". Debido a que creí solo en el Dios Todopoderoso y descarté el pensamiento del dolor, pude levantarme y caminar. Fue como si el dolor solo hubiera estado en mi imaginación.

Si creemos que ya hemos sido sanados, definitivamente recibiremos sanidad de acuerdo a nuestra fe, tal como Jesús nos lo dice en Marcos 11:24 donde leemos: *"Por tanto, os digo que todo lo que pidiereis orando, creed que lo recibiréis, y os vendrá"*. No obstante, si pensamos que aún no hemos sido sanados debido al dolor persistente, la enfermedad no será sanada. En otras palabras, solo cuando rompemos el patrón de nuestros propios pensamientos, todo se dará de acuerdo a nuestra fe.

Es por esta razón que Dios nos dice que la mente pecadora es hostil para Dios (Romanos 8:7), y nos insta a que llevemos cautivo todo pensamiento a la obediencia de Dios (2 Corintios 10:5). Además, en Mateo 8:17 encontramos que Jesús tomó nuestras enfermedades y llevó nuestras dolencias. Si usted piensa: "Yo soy débil", solo podrá quedarse así. No obstante, no importa cuán difícil o agotadora sea su vida, si con su boca usted confiesa: "Porque tengo el poder y la gracia de Dios y porque el Espíritu Santo me gobierna, no me siento exhausto", el agotamiento se desvanecerá y se convertirá en una persona robusta.

Si verdaderamente creemos en Jesucristo, quien tomó nuestras enfermedades y llevó nuestras dolencias, debemos recordar que no hay razón por la cual debamos sufrir de enfermedades.

## Cuando Jesús vio la fe de las personas

Ahora que hemos sido sanados de nuestras enfermedades mediante los azotes de Jesús, lo que necesitamos es fe mediante la cual podamos creer esto. En la actualidad, muchas personas que no han creído en Jesucristo se acercan a Él debido a sus enfermedades. Algunas de ellas son sanadas poco después de haber aceptado a Jesucristo, mientras que otros no muestran ningún progreso incluso luego de meses de oración. Este último grupo de personas necesita mirar hacia atrás y examinar su fe.

En base al relato que se encuentra en Marcos 2:1-12, exploremos cómo el paralítico y sus cuatro amigos mostraron su fe, forzaron la mano sanadora del Señor para liberarlo de sus enfermedad y le dieron gloria a Dios.

Cuando Jesús visitó Capernaúm, la noticia de Su llegada se esparció rápidamente y una gran multitud se reunió. Jesús les predicó la Palabra de Dios, es decir la verdad, y la multitud prestó mucha atención, pues no querían perderse ni una sola palabra. En ese momento cuatro hombres llevaban un paralítico en su lecho, pero debido a la gran cantidad de personas, no podían acercar al paralítico hasta donde se encontraba Jesús.

Sin embargo ellos no se rindieron. Al contrario, subieron al techo de la casa en la cual se encontraba Jesús, hicieron una abertura encima de Él, se metieron por ella y bajaron el lecho en el cual se encontraba el paralítico. Cuando Jesús vio la fe de ellos, le dijo al paralítico: *"Hijo, tus pecados te son perdonados... levántate, toma tu lecho y anda"*, y el paralítico recibió la sanidad que tanto había anhelado. Cuando él tomó su lecho y salió caminando a la vista de todos, las personas estaban asombradas y dieron gloria a Dios.

El paralítico había estado sufriendo de una enfermedad muy grave que le impedía movilizarse por sí solo. Al momento que él escuchó las noticias acerca de Jesús, desesperadamente quiso conocer a quien había abierto los ojos de los ciegos, levantado a los paralíticos, sanado a los leprosos, expulsado demonios y sanado muchas otras dolencias causadas por una gran variedad de enfermedades. Ya que el paralítico tenía un buen corazón, cuando escuchó todas estas noticias acerca de Jesús, anhelo ir conocerlo tras enterarse dónde se encontraba.

Entonces un día escuchó que Jesús había llegado a Capernaúm. ¿Puede imaginarse cuán emocionado se encontraba al haber escuchado esa noticia? Seguramente buscó amigos que lo pudieran ayudar, y sus amigos, que afortunadamente tenían fe, aceptaron fácilmente el pedido de su amigo. Ya que los amigos del paralítico también habían escuchado las noticias acerca de Jesús, cuando su amigo les pidió de todo corazón que lo llevaran donde se encontraba Jesús, ellos lo hicieron.

Si los amigos del paralítico se hubieran negado a su pedido y lo hubieran ridiculizado diciendo: "¿Cómo puedes creer en esas cosas cuando tú mismo no las has visto?", entonces no hubieran pasado por todos los obstáculos que tuvieron que enfrentar para ayudar a su amigo. Sin embargo, debido a que ellos sí tenían fe, pudieron llevar a su amigo en su lecho; cada uno de ellos tomando cada esquina del mismo, e incluso se dieron el trabajo de hacer un hueco en el techo de la casa.

Al ver la gran multitud reunida luego de hacer un viaje

complicado y al no poder abrirse paso para llegar donde estaba Jesús, ¿no creen que se sintieron impacientes y desanimados? Posiblemente pidieron e incluso suplicaron para que les concedieran paso. No obstante, debido al gran número de personas que estaban reunidas, se dieron cuenta de que no se habría el paso y comenzaron a desesperarse. Al final decidieron subir al techo de la casa en la cual se encontraba Jesús, abrieron el techo y bajaron a su amigo en su lecho frente a Jesús. El paralítico se acercó y se encontró con Jesús a la distancia más cercana que cualquier otra persona. A través de esta historia, podemos aprender con cuánto afán el paralítico y sus amigos anhelaban ir delante de Jesús.

Debemos prestar atención al hecho de que el paralítico y sus amigos no simplemente se acercaron ante Jesús. El hecho de que ellos atravesaran todos esos obstáculos solo para encontrarse con Él, únicamente después de haber escuchado noticias acerca de Jesús, nos dice que ellos creyeron en lo que se decía de Él y el mensaje que enseñaba. Además, al superar las aparentes dificultades con paciencia y de manera agresiva acercarse a Jesús, el paralítico y sus amigos demostraron cuán humildes eran al momento de acercarce a Él.

Cuando las personas vieron al paralítico y sus amigos subir al techo y abrirlo, la multitud posiblemente los menospreció o se enojaron. Tal vez ocurrió algo más que ni siquiera podríamos imaginarnos.. Sin embargo, para estas cinco personas, nada ni nadie iba a obstaculizar su camino. Una vez que estuvieran ante Jesús, el paralítico sería sanado y ellos podrían arreglar o compensar el daño en el techo con facilidad.

Sin embargo, entre muchas personas en la actualidad que sufren de diferentes enfermedades, es difícil ver que el paciente o a su familia poseen fe. En vez de acercarse a Jesús de manera decidida, son rápidos para decir: "Estoy terriblemente enfermo. Me gustaría ir pero no puedo", o sino dicen: "Tal persona en mi familia está tan débil que no puede ser movilizada". Es totalmente desalentador ver a personas tan pasivas que solo parece que están esperando que la manzana de un árbol caiga justo en sus bocas. En otras palabras este tipo de personas tienen falta de fe.

Si las personas profesan su fe en Dios, también deben tener la seriedad para mostrar esa fe. Debido a que una persona no puede experimentar la obra de Dios mediante la fe que recibe y se almacena solo como conocimiento, solo cuando muestra su fe con obras, dicha fe se convierte en una fe viva y se construyen los fundamentos de ésta para recibir la fe espiritual que proviene de Dios. Por consiguiente, al igual que el paralítico que recibió la obra de sanidad de Dios en base a su fe, nosotros también debemos llegar a ser sabios y mostrarle nuestro fundamento de la fe, es decir la fe en esencia, de modo que podamos también llevar vidas en las cuales recibamos la fe espiritual dada por Dios y experimentemos Sus milagros.

## Sus pecados son perdonados

Al paralítico que fue donde estaba Jesús con la ayuda de sus cuatro amigos, Jesús le dijo: *"Hijo, tus pecados te son perdonados"*, y fue resuelto el problema del pecado. Ya que no se puede recibir respuestas cuando existe un muro de pecado entre uno y Dios, Jesús primeramente resolvió el problema del pecado del paralítico, quien se había acercado a Él con una base sólida de fe.

Si nosotros realmente profesamos nuestra fe en Dios, la Biblia nos muestra con qué tipo de actitudes tenemos que acercarnos ante Él y cómo debemos actuar. Al obedecer mandatos tales como: "qué hacer", "qué no hacer", "qué guardar", "de qué abstenerse" y así por el estilo, una persona injusta será transformada en justa, y un mentiroso será transformado en una persona sincera y honesta. Cuando obedecemos la Palabra de verdad, nuestros pecados son lavados mediante la sangre de nuestro Señor y, cuando recibimos el perdón, la protección y las respuestas de Dios vienen de lo alto.

Ya que todas las enfermedades provienen del pecado, una vez que dicho problema es resuelto, se establecerá la condición en la que las obras de Dios pueden ser manifestadas. Así como un bombillo se enciende y una máquina funciona cuando ingresa la electricidad al ánodo y sale por el cátodo, cuando Dios ve la cimentación de nuestra fe, Él declarará perdón y da fe que proviene de lo alto, lo que en efecto produce un milagro.

*"Levántate, toma tu lecho, y vete a tu casa"* (Marcos 2:11). ¡Qué palabras tan conmovedoras! Al ver la fe del paralítico y sus cuatro amigos, Jesús solucionó el problema del pecado del paralítico, quien al mismo instante comenzó a caminar. El llegó a sentirse completo luego de mucho tiempo de anhelarlo. De la misma manera, si nosotros anhelamos recibir respuestas, no solo a las enfermedades sino también a otro tipo de problemas que tengamos, debemos recordar que primeramente debemos recibir el perdón y limpiar nuestros corazones.

Cuando las personas tienen una fe pequeña, pueden haber buscado soluciones a su enfermedad al poner su confianza en la medicina y los médicos. Sin embargo, una vez que la fe de ellos ha crecido y aman a Dios y viven por medio de Su Palabra, las enfermedades no pueden invadirlos. A pesar de que hayan caído en la enfermedad, si primeramente se examinan a sí mismos, se arrepienten de todo corazón y se alejan de sus pecados, inmediatamente recibirán sanidad. Yo sé que muchas personas han tenido este tipo de experiencia.

Hace mucho tiempo, un anciano de la iglesia fue diagnosticado con una hernia discal y de repente ya no podía moverse. En ese momento examinó su vida, se arrepintió y luego recibió mi oración. La obra de sanidad de Dios ocurrió en ese lugar y nuevamente se recuperó.

Cuando su hija sufrió de pirexia, su madre se dio cuenta que su mal carácter había sido la raíz del sufrimiento de su hija, y el instante mismo en que ella se arrepintió, su hija mejoró.

Para poder salvar a toda la humanidad que, debido a la desobediencia de Adán se encontraba en el camino de la destrucción, Dios envió a Jesucristo al mundo y permitió que sea maldecido y crucificado en un madero por nuestra causa. Es por eso que la Biblia dice: *"...sin derramamiento de sangre no se hace remisión"* (Hebreos 9:22), y: *"Maldito todo el que es colgado en un madero"* (Gálatas 3:13).

Ahora que conocemos que el problema de la enfermedad radica en el pecado, debemos arrepentirnos de todos nuestros pecados y fervientemente creer en Jesucristo quien nos redime de todos nuestros pecados y, mediante esa fe, llevar vidas saludables. Muchos hermanos hoy en día están experimentando sanidad, testificando del poder de Dios y dando testimonio del Dios vivo. Esto nos muestra que a cualquiera que acepte a Jesucristo y pida en Su nombre, todos los problemas de enfermedad le pueden ser respondidos. No importa cuán grave sea la enfermedad de un individuo, cuando este cree en su corazón que Jesucristo fue azotado y derramó Su sangre, puede ser manifestada una obra asombrosa de sanidad.

## La fe se perfecciona mediante las obras

Al igual que el paralítico que recibió sanidad con la ayuda de sus cuatro amigos luego de mostrarle a Jesús su fe, si queremos recibir los deseos de nuestro corazón, debemos también mostrarle a Dios nuestra fe acompañada de obras, estableciendo así un fundamento de fe. Para poder ayudarle a usted como lector a comprender 'la fe', le ofreceré una breve explicación.

En la vida en Cristo, 'la fe' se puede dividir y explicar en dos categorías. La 'fe carnal' o la 'fe como conocimiento'; se refiere al tipo de fe por la cual uno puede creer debido a las evidencias físicas y cuando la Palabra concuerda con su conocimiento y pensamiento. Por el contrario, la 'fe espiritual', es el tipo de fe por la cual un individuo puede creer a pesar de que no puede ver y aunque la Palabra no concuerda con su conocimiento y pensamientos.

Por medio de la 'fe carnal', uno cree que algo que es visible ha sido creado a partir de algo más que también es visible. Con la 'fe espiritual', la cual no se puede tener si se incorpora los propios pensamientos y conocimientos, se cree que algo visible puede ser creado a partir de algo más que no es visible. Esta última requiere la destrucción de los conocimientos y pensamientos propios.

Desde el nacimiento, una cantidad incalculable de conocimiento se almacena en el cerebro de cada persona. Se registran cosas que se ve y escucha, cosas que aprende en el hogar y en la escuela, y cosas que aprende en los diferentes entornos y condiciones. Sin embargo, debido a que no todo el conocimiento registrado es verdadero, si algo es contrario a la Palabra de Dios, uno debe abstenerse de manera natural. Por ejemplo: en la escuela se aprende que todo ser viviente se ha originado o ha evolucionado de un mónada a un organismo multicelular. Sin embargo, en la Biblia se aprende que todo ser viviente fue creado por Dios de acuerdo a su especie. Entonces, ¿qué debería hacer? La falacia de la teoría de la evolución ya ha sido incluso expuesta por la ciencia una y otra vez. ¿Cómo puede ser posible, incluso con el razonamiento humano, que un mono haya evolucionado en un ser humano, y que una rana haya evolucionado en un ave de cierta especie en un lapso de cientos de millones de años? Incluso la lógica favorece la creación.

De la misma manera, cuando la 'fe carnal' es transformada en 'fe espiritual', sus dudas serán desechadas y podrá pararse en la roca de la fe. Además, si profesa su fe en Dios, ahora debe poner en práctica la Palabra que ha almacenado como conocimiento. Si usted profesa que cree en Dios, debe mostrarse como luz al guardar el Día del Señor como día santo, amar a su prójimo y obedecer la Palabra de verdad.

Si el paralítico en Marcos 2 se hubiera quedado en su casa, no hubiera sido sanado. No obstante, por haber creído que sería sano al acercarse a Jesús, y al mostrar su fe al aplicar y utilizar cada método disponible, el paralítico pudo recibir sanidad. Incluso si un individuo que anhela construir su casa solo se pone a orar: "Señor, creo que la casa será construida", cientos o miles de oraciones no darán como resultado el que la casa se construya por sí sola. Aquel necesita hacer su parte del trabajo y preparar los cimientos, escavar la tierra, establecer los pilares y demás; en pocas palabras, se necesita 'obras'.

Si usted o alguien en su familia está sufriendo de alguna enfermedad, crea que Dios dará de Su perdón y manifestará la obra de sanidad, cuando Él vea que cada uno de los miembros de su familia se encuentran unidos en amor; la unidad que Dios considerará el fundamento de la fe. Algunas personas dicen que debido a que hay un tiempo para todas las cosas, hay también un tiempo para la sanidad. No obstante, recuerde que el 'tiempo' ha llegado el momento que las personas establecen el cimiento de la fe delante de Dios.

¡Ruego en el nombre del Señor que usted pueda recibir respuesta a su enfermedad así como a todo lo que pida, y que de esta manera pueda glorificar a Dios!

# Capítulo 5

## Poder para sanar las debilidades

## Mateo 10:1

*"Entonces llamando a sus doce discípulos, les dio autoridad sobre los espíritus inmundos, para que los echasen fuera, y para sanar toda enfermedad y toda dolencia".*

# El poder para sanar las enfermedades y las debilidades

Hay muchas maneras de demostrar al Dios vivo a los no creyentes y, la sanidad de las enfermedades es una de ellas. Cuando reciben sanidad las personas que sufren de enfermedades incurables y terminales para las cuales el uso de la ciencia médica es inútil, ya no pueden negar el poder de Dios el Creador, sino que comienzan a creer en dicho poder y darle a Él la gloria.

A pesar de sus riquezas, autoridad, fama y conocimiento, muchas personas en la actualidad son incapaces de solucionar el problema de la enfermedad y quedan sumergidos en la angustia. Aunque un gran número de enfermedades no pueden ser curadas ni siquiera con la forma más desarrollada de la ciencia médica, cuando las personas creen en el Dios Todopoderoso, confían en Él y ponen en Sus manos el problema de la enfermedad, todas y cada una de las enfermedades terminales pueden ser sanadas. Nuestro Dios es el Dios Omnipotente, para quien nada es imposible y quien puede crear algo de la nada, hacer que una vara seca reverdezca y eche flores (Números 17:8), y revivir a los muertos (Juan 11:17-44).

De hecho, el poder de nuestro Dios puede curar cualquier enfermedad y dolencia. En Mateo 4:23 encontramos lo siguiente: *"Y recorrió Jesús toda Galilea, enseñando en las sinagogas de ellos, y predicando el evangelio del reino, y sanando toda enfermedad y toda dolencia en el pueblo"*, y en Mateo 8:17 (DHH) leemos lo siguiente: *"Esto sucedió para que se cumpliera lo que anunció el profeta Isaías, cuando dijo: 'Él tomó nuestras debilidades y cargó con nuestras enfermedades'"*. En estos pasajes encontramos las palabras: 'enfermedad', 'dolencia' y 'debilidades'.

En este caso, las 'debilidades' no hacen referencia a una enfermedad relativamente leve como un resfriado o una afección por fatiga. Es una condición anormal en la cual la función del cuerpo de un individuo, partes del cuerpo u órganos, se han paralizado o degenerado debido a un accidente o un error de sus padres o del propio individuo. Por ejemplo: aquellos que son mudos, sordos, ciegos, inválidos, sufren de parálisis infantil (conocido también como poliomielitis) y así por el estilo, aquellos que no pueden ser sanados mediante el conocimiento humano, pueden ser clasificados en el grupo de 'debilidades'. Además en condiciones causadas por un accidente o un error de sus padres o del mismo individuo, como en el caso de aquel hombre que nació ciego en Juan 9:1-3, existen personas que sufren debilidades para que la gloria de Dios sea manifestada. No obstante, tales casos son raros ya que la mayoría son causados por la ignorancia y los errores del hombre.

Cuando las personas se arrepienten y aceptan a Jesucristo cuando buscan creer en Dios, Él les da el Espíritu Santo como un don. Junto con el Espíritu Santo, también reciben el derecho de convertirse en hijos de Dios. Cuando el Espíritu Santo está con ellos, excepto en casos graves y serios, la mayoría de enfermedades son sanadas. Tan solo el hecho de que ellos hayan recibido el Espíritu Santo permite que Su fuego descienda sobre ellos y queme sus heridas. Además, aunque alguien sufra de una enfermedad crítica, cuando ora fervientemente con fe, destruye el muro de pecado entre él y Dios, se aparta del camino de pecado y se arrepiente, recibe sanidad de acuerdo a su fe.

"El fuego del Espíritu Santo" se refiere al bautismo de fuego que ocurre luego de que alguien recibe el Espíritu Santo, que a los ojos de Dios es Su poder. Cuando los ojos espirituales de Juan el Bautista se abrieron y pudo ver, él describió el fuego del Espíritu Santo como 'el bautismo de fuego'. En Mateo 3:11, Juan el Bautista dijo: *"Yo a la verdad os bautizo en agua para arrepentimiento; pero el que viene tras mí, cuyo calzado yo no soy digno de llevar, es más poderoso que yo; él os bautizará en Espíritu Santo y fuego"*. El bautismo de fuego no viene en cualquier momento, sino solo cuando alguien está lleno con el Espíritu Santo. Ya que el fuego del Espíritu Santo siempre desciende sobre aquel que está lleno con el Espíritu Santo, todos sus pecados y enfermedades serán calcinadas y, de esta manera, llegará a tener una vida saludable.

Cuando el bautismo de fuego calcina la maldición de una enfermedad, la mayoría de las enfermedades son sanadas; sin embargo, las debilidades no pueden ser calcinadas ni siquiera por el bautismo de fuego. Entonces, ¿cómo pueden las debilidades ser sanadas?

Todas las debilidades se pueden sanar solo por el poder otorgado por Dios. Es por eso que en Juan 9:32-33 encontramos: *"Desde el principio no se ha oído decir que alguno abriese los ojos a uno que nació ciego. Si éste no viniera de Dios, nada podría hacer"*.

En Hechos 3:1-10 hay una escena en la que Pedro y Juan, quienes habían recibido el poder de Dios, ayudaron a que se levantara un paralítico de nacimiento quien mendigaba junto a la puerta del templo llamado 'la Hermosa'. En el verso 6, vemos que Pedro le dijo: *"No tengo plata ni oro, pero lo que tengo te doy; en el nombre de Jesucristo de Nazaret, levántate y anda"*. Tomó al paralítico por su brazo derecho e inmediatamente los pies y tobillos de aquel hombre se fortalecieron y comenzó a alabar a Dios. Cuando las personas vieron que este hombre que había sido un paralítico, caminaba y alababa a Dios, se llenaron de asombro y admiración.

Si alguien desea recibir sanidad, entonces debe poseer la fe con la cual se cree en Jesucristo. Aunque el hombre paralítico había sido un mendigo, debido a que creyó en Jesucristo, pudo recibir la sanidad cuando las personas que tenían el poder de Dios oraron por él. Es por esta razón que las Escrituras nos dicen: *"Y por la fe en su nombre, a éste, que vosotros veis y conocéis, le ha confirmado su nombre; y la fe que es por él ha dado a éste esta completa sanidad en presencia de todos vosotros"* (Hechos 3:16).

En Mateo 10:1 encontramos que Jesús les dio a Sus discípulos el poder sobre los espíritus inmundos para que los echasen fuera y para que sanaran todo tipo de dolencia y enfermedad. En el tiempo del Antiguo Testamento, Dios dio poder para sanar debilidades a sus profetas amados incluyendo a Moisés, Elías, Eliseo y, en el Nuevo Testamento, el poder de Dios estaba con apóstoles tales como Pedro y Pablo, y obreros fieles como Esteban y Felipe.

Una vez que alguien recibe el poder de Dios, nada es imposible ya que puede ayudar a un paralítico a levantarse, sanar a aquellos que sufren de parálisis infantil para que vuelvan a caminar, hacer que los ciegos vuelvan a ver, abrir los oídos de los sordos y soltar la lengua de los mudos.

## Varias maneras de sanar las debilidades

### 1. El poder de Dios sana a un hombre sordomudo

En Marcos 7:31-37 encontramos una escena en la cual el poder de Dios sana a un hombre sordomudo. Cuando las personas trajeron a este hombre donde Jesús, le suplicaron que pusiera Sus manos sobre él. Jesús, llevándolo aparte, le

puso Sus dedos en los oídos. Luego escupió y tocó la lengua de
este hombre, y viendo hacia el cielo gimió y dijo: 'Efata', que
quiere decir "¡sé abierto!". Inmediatamente los oídos de este
hombre fueron abiertos, se soltó su lengua y comenzó a hablar
claramente.

¿Podría Dios, quien ha creado todas las cosas en el universo
por medio de Su Palabra, no haber sanado a este hombre
también por medio de Su Palabra? ¿Por qué Jesús puso sus dedos
en los oídos de este hombre? Ya que una persona sorda no puede
escuchar ningún sonido y solo se comunica con el lenguaje de
las señales, no hubiera podido tener fe de la manera que otros
lo hicieron aunque Jesús hubiera hablado con sus labios. Ya que
Jesús sabía que este hombre tenía falta de fe, Él puso sus dedos
dentro de los oídos para que mediante el toque de sus dedos, el
hombre pudiera llegar a poseer fe a través de la cuál podía ser
sano. El elemento más importante es la fe por medio de la cual
uno puede creer que podrá ser sanado. Jesús podría haber sanado
al hombre mediante Su Palabra, pero debido a que él no podía
escuchar, Jesús sembró la fe y permitió que el hombre recibiera la
sanidad al implementar este método.

¿Por qué Jesús escupió y tocó la lengua de este hombre?
El hecho de que Jesús haya escupido nos dice que un espíritu
maligno había causado que este hombre enmudeciera. Si alguien
le escupe en su cara sin ninguna razón en particular, ¿cómo lo
tomaría? Es un acto de deshonra y una conducta inmoral que

hace caso omiso completamente del carácter de alguien. Ya que el escupir en general representa una falta de respeto y la degradación de una persona, Jesús escupió con el fin de expulsar al espíritu maligno.

En Génesis, encontramos que Dios maldice a la serpiente para que comiese polvo todos los días de su vida. Esto, en otras palabras, hace referencia a la maldición de Dios sobre el enemigo diablo y Satanás, quien había instigado a la serpiente para hacer del hombre hecho de polvo su presa. Por consiguiente, desde los tiempos de Adán el enemigo diablo se ha ensañado por hacer del hombre su presa y buscar cada oportunidad para atormentarlo y devorarlo. Al igual que las moscas, mosquitos y gusanos que viven en lugares sucios, el enemigo diablo habita en los corazones que están llenos de pecado, maldad y mal temperamento, y toma sus mentes como rehenes. Debemos darnos cuenta que solo aquellos que viven y actúan por medio de la Palabra de Dios, pueden ser sanos de sus enfermedades.

## 2. El poder de Dios sana a un hombre ciego

En Marcos 8:22-25 leemos lo siguiente:

*"Vino luego a Betsaida; y le trajeron un ciego, y le rogaron que le tocase. Entonces, tomando la mano del ciego, le sacó fuera de la aldea; y escupiendo en sus ojos, le puso las manos encima, y le preguntó si*

*veía algo. El, mirando, dijo: Veo los hombres como árboles, pero los veo que andan. Luego le puso otra vez las manos sobre los ojos, y le hizo que mirase; y fue restablecido, y vio de lejos y claramente a todos".*

Cuando Jesús oró por este hombre que se encontraba ciego, Él escupió sobre sus ojos. ¿Por qué este hombre no pudo ver la primera vez que Jesús oró por él, sino a la segunda vez? Mediante Su poder, Jesús podría haber sanado al hombre completamente, pero debido a que la fe de aquel era pequeña, Jesús oró por segunda vez y le ayudó a que posea fe. Por medio de esto, Jesús nos enseña que cuando algunas personas no pueden recibir su sanidad la primera vez que reciben oración, debemos orar por aquellas personas dos, tres o incluso cuatro veces hasta que la semilla de la fe, por medio de la cual puede creer en su sanidad, sea plantada.

Jesús, para quien nada es imposible, oró y oró nuevamente cuando se dio cuenta de que este hombre ciego no podía ser sanado por medio de su fe. Entonces, ¿qué deberíamos hacer? Con mayor clamor y oración debemos perseverar hasta recibir la sanidad.

En Juan 9:6-9 encontramos a un hombre ciego de nacimiento quien recibe sanidad luego de que Jesús escupe en el suelo, hace un poco de barro con Su saliva y lo coloca en sus ojos. ¿Por qué a Jesús se le ocurrió sanar a este hombre al escupir en el suelo, hacer barro y ponerlo sobre los ojos de aquel individuo? Aquí la saliva no se refiere a nada sucio, sino que Jesús escupió en el suelo para poder hacer barro y ponérselo sobre los ojos del hombre ciego. Jesús hizo barro con Su saliva ya que el agua en aquel lugar era muy escasa. En el caso de un forúnculo o hinchazón en desarrollo o una picadura de insecto en sus hijos, los padres muchas veces ponen su propia saliva de una manera cariñosa. Debemos comprender el amor de nuestro Señor, quien usó una variedad de significados para ayudar a los débiles a poseer fe.

Cuando Jesús colocó barro sobre los ojos del hombre ciego, el hombre sintió la sensación del barro sobre sus ojos y de esta manera llegó a poseer fe por la cual podía ser sanado. Luego de que Jesús provocara fe en este hombre quien tenía poca fe, mediante Su poder, Él abrió sus ojos.

Jesús nos dice lo siguiente: *"Si no viereis señales y prodigios, no creeréis"* (Juan 4:48). En la actualidad es imposible ayudar a las personas a poseer el tipo de fe con la que se puede creer solo con la Palabra en la Biblia, sin ser testigos de los milagros de sanidad y prodigios. En una época en la cual la ciencia y el conocimiento del hombre han avanzado en gran manera, es extremadamente difícil poseer fe espiritual para creer en un Dios invisible. Constantemente escuchamos la frase "ver para creer". De igual manera, debido a que la fe de las personas crecerá y ocurrirán las obras de sanidad lo más rápido posible cuando vean evidencias tangibles del Dios vivo, las 'señales y prodigios milagrosos' son absolutamente necesarios para que esto suceda.

## 3. El poder de Dios sana a un hombre paralítico

Así como Jesús predicó las Buenas Nuevas y sanó a las personas que sufrían de todo tipo de dolencias y enfermedades, Sus discípulos también manifestaron el poder de Dios.

Cuando Pedro le ordenó a un paralítico: *"En el nombre de Jesucristo de Nazaret, levántate y anda"*, y lo tomó por su mano derecha, inmediatamente las rodillas y tobillos se fortalecieron y saltó en sus pies y comenzó a caminar (Hechos 3:6-10). Cuando las personas vieron las señales y prodigios milagrosos que Pedro manifestó luego de recibir el poder de Dios, muchas personas más llegaron a creer en el Señor. Incluso llevaron a los enfermos a las calles y los recostaron en sus camas y lechos para que al menos la sombra de Pedro cayese sobre alguno de ellos mientras él pasaba. Además se reunían las multitudes provenientes de los pueblos alrededor de Jerusalén, llevando a los enfermos y aquellos atormentados por los demonios, y todos ellos eran sanados (Hechos 5:14-16).

En Hechos 8:5-8 encontramos lo siguiente: *"Entonces Felipe, descendiendo a la ciudad de Samaria, les predicaba a Cristo. Y la gente, unánime, escuchaba atentamente las cosas que decía Felipe, oyendo y viendo las señales que hacía. Porque de muchos que tenían espíritus inmundos, salían éstos dando grandes voces; y muchos paralíticos y cojos eran sanados; así que había gran gozo en aquella ciudad".*

En Hechos 14:8-12, leemos de un hombre paralítico de nacimiento y quien nunca antes había podido caminar. Luego de escuchar el mensaje de Pablo y de haber obtenido fe con la cual podía recibir la salvación, cuando el apóstol le dijo: "Levántate derecho sobre tus pies", inmediatamente saltó y comenzó a caminar. Aquellos que vieron esto dijeron: "Dioses bajo la semejanza de hombres han descendido a nosotros".

En Hechos 19:11-12 vemos que: *"Hacía Dios milagros extraordinarios por mano de Pablo, de tal manera que aun se llevaban a los enfermos los paños o delantales de su cuerpo, y las enfermedades se iban de ellos, y los espíritus malos salían".* ¡Cuán sorprendente y maravilloso es el poder de Dios!

El poder de Dios se manifiesta incluso en la actualidad por medio de las personas cuyos corazones han alcanzado la santificación y amor completo como lo hicieron Pedro, Pablo y los Diáconos Felipe y Esteban. Cuando las personas se acercan a Dios con fe deseando que sus enfermedades sean sanadas, pueden ser sanados al recibir la oración de los siervos de Dios por medio de los cuales Él obra.

Desde la fundación de la Iglesia Manmin, el Dios vivo me ha permitido manifestar una variedad de señales y prodigios milagrosos, sembrar fe en el corazón de los miembros y traer un gran avivamiento.

Había una vez una mujer quien había sido objeto de abuso de su marido que era alcohólico. Cuando su nervio óptico se paralizó luego de fuertes abusos físicos y los médicos ya no le daban esperanzas, esta mujer vino a Manmin luego de haber escuchado acerca de la iglesia. Mientras ella participaba diligentemente en los servicios de adoración y oraba con fervor por sanidad, ella recibió mi oración y pudo ver otra vez. El poder de Dios reparó por completo el nervio óptico que por un momento parecía haberse perdido de manera definitiva.

En otra ocasión hubo un hombre que había sufrido una lesión grave en la que ocho puntos de su espina dorsal habían sido aplastados. Debido a esto la parte baja de su cuerpo se encontraba paralizada, y sus piernas estaban a punto de ser amputadas. Luego de aceptar a Jesucristo, se pudo evitar la amputación de sus piernas, sin embargo, aún tenía que depender de muletas. Luego él comenzó a asistir a las reuniones del Centro de Oración Manmin y poco después, durante el servicio de la vigilia entera del viernes, tras recibir mi oración, este hombre arrojó sus muletas, pudo caminar sobre sus pies y desde entonces se ha convertido en un mensajero del evangelio.

El poder de Dios puede sanar completamente las debilidades, las mismas que la ciencia médica es incapaz de curar. En Juan 16:23 Jesús nos promete: *"En aquel día no me preguntaréis nada. De cierto, de cierto os digo, que todo cuanto pidiereis al Padre en mi nombre, os lo dará"*. ¡Ruego en el nombre del

Señor que usted pueda creer en el asombroso poder de Dios, que lo busque de todo corazón, reciba respuesta a todos sus problemas de enfermedad y se convierta en un mensajero que lleve las Buenas Nuevas del Dios vivo y Todopoderoso!

# Capítulo 6

# Maneras de sanar
# a los poseídos por demonios

## Marcos 9:28-29

*"Cuando él entró en casa, sus discípulos le preguntaron aparte: ¿Por qué nosotros no pudimos echarle fuera? Y les dijo: Este género con nada puede salir, sino con oración y ayuno".*

# En los últimos días el amor de muchos se enfriará

El avance de la civilización científica moderna y el desarrollo de la industria, han hecho surgir la prosperidad material y han permitido a las personas que vayan en pos de mayores comodidades y beneficios. Al mismo tiempo, estos dos factores han dado como resultado el aislamiento, un excesivo egoísmo, traición y complejo de inferioridad entre las personas y, debido a que el amor va disminuyendo, la comprensión y el perdón son difíciles de hallar.

Tal como Mateo 24:12 predice: *"Y por haberse multiplicado la maldad, el amor de muchos se enfriará";* en un momento cuando la maldad prospera y el amor se enfría, uno de los problemas más graves de nuestra sociedad hoy en día, es el creciente número de personas que sufren de trastornos mentales tales como la depresión nerviosa y la esquizofrenia.

Las instituciones mentales aíslan a muchos pacientes que no pueden llevar vidas normales y que aún no han encontrado la cura adecuada. Si luego de un año de tratamiento no se ve ningún progreso, las familias se desaniman y en muchos casos ignoran o abandonan a los pacientes como a huérfanos. Estos pacientes que viven lejos y sin familiares, son incapaces de obrar de la manera normal que lo hacen las personas. A pesar de que ellos requieren amor verdadero de parte de sus seres queridos, no muchas personas demuestran su amor a este tipo de individuos.

En la Biblia encontramos muchos casos en los cuales Jesús sanó a personas que se encontraban poseídas por demonios. ¿Por qué razón se registraron en las Escrituras? Mientras el fin de los tiempos se acerca, el amor de muchos se enfría y Satanás atormenta a las personas, causa que sufran de trastornos mentales y los adopta como hijos del diablo. Satanás atormenta, enferma, confunde y tienta de pecado y maldad las mentes de las personas. Ya que la sociedad se encuentra empapada de pecado y maldad, las personas son prontas para envidiar, pelear, odiar y matarse entre sí. Debido a que los días se aproximan, los cristianos deben estar listos para saber diferenciar la verdad de la falsedad, mantener su fe a salvo y llevar vidas sanas física y mentalmente.

Examinemos la causa detrás de la instigación y tormento de Satanás, al igual que el crecimiento del número de personas poseídas por Satanás y los demonios, y el sufrimiento de trastornos mentales en nuestra sociedad moderna en la que la civilización científica ha avanzado grandemente.

## Proceso mediante el cual alguien llega a ser poseído por Satanás

Todos y cada uno de nosotros poseemos una consciencia y la mayoría de personas viven de acuerdo a ella. Sin embargo, el estándar de la consciencia de cada individuo y los resultados posteriores, difieren de persona a persona. Esto se debe a que cada persona ha nacido y ha sido educada en ambientes y condiciones diferentes; es decir, ha visto, escuchado y aprendido cosas diferentes de parte de sus padres, en su hogar y escuela, y ha registrado información distinta.

Por una parte, la Palabra de Dios, que es la verdad, nos dice: *"No seas vencido de lo malo, sino vence con el bien el mal"* (Romanos 12:21), y nos insta: *"No resistáis al que es malo; antes, a cualquiera que te hiera en la mejilla derecha, vuélvele también la otra"* (Mateo 5:39). Ya que la Palabra nos enseña el amor y el perdón, el estándar de juicio basado en que "perder es ganar" se desarrolla en aquellos que creen. Por otra parte, si alguien ha aprendido que debe tomar alguna represalia cuando es golpeado, su propio juicio dictará que resistirse es una acto de valentía, mientras que si no hacerlo es un acto de cobardía. Hay tres factores que formarán diferentes consciencias en diferentes personas. Estos son: el estándar de juicio de cada individuo, si es que ha vivido un vida con rectitud o no y cuánto se ha comprometido con el mundo.

Debido a que las personas conducen sus vidas de manera diferente y sus consciencias son pues diferentes, Satanás, el enemigo de Dios, utiliza esto para tentar a las personas a que vivan de acuerdo a su naturaleza pecaminosa, contraria a la rectitud y cosas buenas, al remover pensamientos malignos e instigarlos a cometer pecados.

Dentro del corazón de las personas existe un conflicto entre el deseo del Espíritu Santo, por el cual se debe vivir por la ley de Dios, y el deseo de la naturaleza pecaminosa por medio de la cual las personas son forzadas a seguir los deseos carnales. Es por esta razón que Dios, en Gálatas 5:16-17, nos insta: *"Digo, pues: Andad en el Espíritu, y no satisfagáis los deseos de la carne. Porque el deseo de la carne es contra el Espíritu, y el del Espíritu es contra la carne; y éstos se oponen entre sí, para que no hagáis lo que quisiereis".*

Si nosotros vivimos por el deseo del Espíritu Santo heredaremos el reino de Dios, pero si seguimos el deseo de nuestra naturaleza pecaminosa y no vivimos por la Palabra de Dios, no heredaremos Su reino. Es por eso que Dios nos advierte lo siguiente en Gálatas 5:19-21:

> *"Y manifiestas son las obras de la carne, que son: adulterio, fornicación, inmundicia, lascivia, idolatría, hechicerías, enemistades, pleitos, celos, iras, contiendas, disensiones, herejías, envidias, homicidios, borracheras, orgías, y cosas semejantes a estas; acerca de las cuales os amonesto, como ya os lo he dicho antes, que los que practican tales cosas no heredarán el reino de Dios".*

Entonces, ¿cómo son poseídas por demonios las personas?

Por medio de los pensamientos de alguien, Satanás incita los deseos de la naturaleza pecaminosa en individuos cuyos corazones están llenos de la naturaleza pecaminosa. Si esta persona es incapaz de controlar su mente y actúa con su naturaleza pecaminosa, se establece un sentido de culpa y en su corazón crecerá más maldad. Cuando se suman tales actos de la naturaleza pecaminosa, al final la gente será incapaz de controlarse a sí misma y harán lo que sea que Satanás les motive a hacer. A este tipo de individuo se le dice que está 'poseído' por Satanás.

Por ejemplo: supongamos que hay un hombre muy perezoso al que no le gusta trabajar, sino que al contrario, le agrada beber y perder el tiempo. A este tipo de persona, Satanás instigará y controlará su mente para que se apegue a la bebida y a perder su tiempo haciéndole sentir que el trabajo es pesado. Además Satanás lo alejará de las cosas buenas, las cuales son la verdad, le robará la energía para que desarrolle su vida y lo convertirá en una persona incompetente e inútil.

Debido a que vive y se comporta de acuerdo al pensamiento de Satanás, éste es incapaz de escaparse de Satanás. Además, como en su corazón la maldad crece y se ha entregado a malos pensamientos, en vez de controlar su corazón él hará lo que sea que le agrade. Si él quiere enojarse, se enojará para satisfacerlo, si quiere que pelee o discuta, lo hará tanto como a él le gusta, y si quiere beber, será incapaz de evitarlo. Cuando esto se acumula, en determinado punto no podrá controlar sus pensamientos y corazón, y hallará que todas las cosas están en contra de su voluntad. Luego de este proceso, es poseído por los demonios.

## Causa de la posesión demoníaca

Hay dos razones principales para que alguien sea instigado por Satanás y que luego sea poseído por los demonios.

### 1. Los padres

Si los padres se han apartado de Dios, adorado ídolos, los cuales Dios detesta y son una abominación, o han hecho algo extremadamente malo, entonces la fuerza de los espíritu malignos infiltrará sus hijos y, si se los deja desenfrenados, serán poseídos por los demonios. En este tipo de casos, los padres deben acercarse a Dios, arrepentirse totalmente de sus pecados, apartarse de sus caminos pecaminosos e implorar a Dios a favor de sus hijos. Entonces Dios verá el fondo del corazón de los padres y manifestará la obra de sanidad, por consiguiente desatará las cadenas de injusticia.

### 2. Uno mismo

Independientemente de los pecados de los padres, alguien puede ser poseído por los demonios debido a su propia falsedad, incluyendo la maldad, el orgullo y así por el estilo. Ya que el individuo no puede orar y arrepentirse por sí solo, cuando este recibe oración de un siervo de Dios que manifiesta Su poder, las cadenas de injusticia pueden ser desatadas. Al momento que los demonios son expulsados y vuelve a recuperar sus sentidos, se le debe enseñar la Palabra de Dios para que su corazón, el cual se encontraba sumergido en el pecado y la maldad, sea limpio y así llegue a tener un corazón lleno de la verdad.

Por consiguiente, si uno de los miembros de la familia o parientes está poseído por los demonios, la familia debe designar a un individuo quien orará a nombre de dicha persona. Esto se debe a que la mente y corazón de alguien con posesión demoníaca, es controlado por los demonios y está imposibilitado de hacer algo de acuerdo a su propia voluntad. Aquel no puede orar ni escuchar la Palabra de verdad, y por lo tanto, no puede vivir mediante la verdad.   Por ende, la familia entera o por lo menos una persona de la familia, debe orar por él con amor y compasión, para que el miembro de la familia con posesión demoníaca pueda vivir en la fe. Cuando Dios ve la devoción y amor en esa familia, revelará la obra de sanidad. Jesús nos dice que amemos a nuestro prójimo como nos amamos a nosotros mismos (Lucas 10:27). Si no estamos dispuestos a orar y dedicar nuestras vidas por un miembro de nuestra propia familia quien se encuentra poseído por los demonios, ¿cómo podemos decir que amamos a nuestro prójimo?

Cuando la familia y amigos de la persona poseída por los demonios determina la causa, se arrepiente, ora con fe en el poder de Dios, se dedica con amor y planta la semilla de la fe, entonces las fuerzas demoníacas se apartarán y su ser querido será transformado en una persona de la verdad, a quien Dios cubrirá y protegerá de los demonios.

## Maneras de sanar a las personas poseídas por demonios

En muchas partes de la Biblia encontramos el relato de la sanidad de personas poseídas por los demonios. Examinemos cómo ellos recibieron sanidad.

### 1. Usted debe rechazar las fuerzas de los demonios

En Marco 5:1-20 encontramos a un hombre quien estaba poseído con un espíritu inmundo. En los versos 3 y 4 se explica lo siguiente acerca de este hombre: *"Tenía su morada en los sepulcros, y nadie podía atarle, ni aun con cadenas. Porque muchas veces había sido atado con grillos y cadenas, mas las cadenas habían sido hechas pedazos por él, y desmenuzados los grillos; y nadie le podía dominar".*

Además, en los versos del 5 al 7 aprendemos lo siguiente: *"Y siempre, de día y de noche, andaba dando voces en los montes y en los sepulcros, e hiriéndose con piedras. Cuando vio, pues, a Jesús de lejos, corrió, y se arrodilló ante él. Y clamando a gran voz, dijo: ¿Qué tienes conmigo, Jesús, Hijo del Dios Altísimo? Te conjuro por Dios que no me atormentes".*

Esto dijo el demonio en respuesta a lo que Jesús le había ordenado: *"Sal de este hombre, espíritu inmundo"* (v. 8). Esta escena nos muestra que, aunque las personas no sabían que Jesús era el Hijo de Dios, el espíritu inmundo sabía exactamente quién era Jesús y qué tipo de poder tenía.

Entonces Jesús le preguntó: *"¿Cómo te llamas?"*, y el endemoniado le respondió: *"Legión me llamo; porque somos muchos"* (v. 9). Entonces le suplicaron a Jesús en varias ocasiones que no los echara fuera de aquella región, y le pidieron que los enviara a los cerdos. Jesús no les preguntó el nombre, no porque no lo sabía, sino que lo hizo como un juez que interrogaba a los espíritus inmundos. Además, 'legión', significa que un gran número de demonios mantenían cautivo a este hombre.

Jesús permitió que la 'legión' entre en una manada de cerdos los cuales se lanzaron al lago por el precipicio y se ahogaron en el agua. Cuando expulsamos demonios, debemos hacerlo con la Palabra de verdad, la cual es simbolizada mediante el agua. Cuando las personas vieron que aquel hombre que no podía ser contenido mediante la fuerza del hombre, fue completamente sano, sentado, vestido y en su juicio cabal, y tuvieron miedo.

¿Cómo deberíamos expulsar demonios en la actualidad? Deben ser expulsados en el nombre de Jesucristo al agua, la cual simboliza la Palabra o el fuego. Este último también simboliza el

Espíritu Santo, por lo tanto perderán su poder. Sin embargo, ya que los demonios son seres espirituales, serán expulsados cuando ore una persona con poder para expulsar los demonios. Cuando una persona que no tiene fe intenta expulsarlos, los demonios a su vez lo humillarán o se mofarán de él. Por consiguiente, para poder sanar a alguien que se encuentra poseído por los demonios, debe orar un hombre de Dios con el poder para expulsarlos.

Sin embargo, en ciertas ocasiones los demonios no serán expulsados aunque un hombre de Dios los expulse en el nombre de Jesucristo. Esto sucede cuando el individuo poseído por los demonios ha blasfemado o hablado contra del Espíritu Santo (Mateo 12:31; Lucas 12:10). La sanidad no se puede manifestar en algunos poseídos por el demonio cuando ellos, de manera deliberada, siguen pecando luego de haber recibido el conocimiento de la verdad (Hebreos 10:26).

Además, en Hebreos 6:4-6 encontramos lo siguiente: *"Porque es imposible que los que una vez fueron iluminados y gustaron del don celestial, y fueron hechos partícipes del Espíritu Santo, y asimismo gustaron de la buena palabra de Dios y los poderes del siglo venidero, y recayeron, sean otra vez renovados para arrepentimiento, crucificando de nuevo para sí mismos al Hijo de Dios y exponiéndole a vituperio"*.

Ahora que hemos aprendido esto, debemos velar para que nuca cometamos pecados por los cuales no recibamos perdón. También debemos distinguir en la verdad si es que alguien poseído por los demonios puede o no ser sanado mediante la oración.

## 2. Ármese con la verdad

Una vez que los demonios son expulsados de las personas, estas deben llenar sus corazones con vida y verdad, mediante la lectura de la Palabra de Dios, las alabanzas y la oración de manera diligente. Aunque los demonios sean expulsados, si las personas continúan viviendo en el pecado sin armarse de la verdad, los demonios regresarán y, en esta ocasión, vendrán acompañados con demonios aún más malvados. Recuerde que la condición de las personas será mucho peor que cuando los demonios ingresaron por primera vez.

En Mateo 12:43-45, Jesús nos habla acerca de la siguiente parábola:

*"Cuando el espíritu inmundo sale del hombre, anda por lugares secos, buscando reposo, y no lo halla. Entonces dice: Volveré a mi casa de donde salí; y cuando llega, la halla desocupada, barrida y adornada. Entonces va, y toma consigo otros siete espíritus peores que él, y entrados, moran allí; y el postrer estado de aquel hombre viene a ser peor que el primero. Así también acontecerá a esta mala generación".*

Los demonios no deben ser expulsados irresponsablemente. Además, luego de que los demonios son expulsados, los amigos y familiares de la persona que estuvo poseída por los demonios debe comprender que dicha persona en ese momento necesita mucho más cuidado que antes. Deben cuidar de él con dedicación y sacrificio y armarle de la verdad hasta que reciba la sanidad completa.

## Todo es posible para aquel que cree

En Marcos 9:17-27 encontramos la historia de Jesús cuando sanó a un hijo que estaba poseído de un espíritu que le había quitado el habla y lo hacía sufrir de epilepsia, luego de ver la fe de su padre. Examinemos rápidamente cómo este hijo recibió la sanidad.

### 1. La familia debe mostrar su fe

Este hijo que se menciona en Marcos 9 había sido mudo y sordo desde su nacimiento debido a que estaba poseído por un demonio. Él no podía comprender ni una sola palabra y la comunicación era imposible para él. Además era difícil determinar dónde y cuándo los síntomas de la epilepsia iban a ocurrir. Por consiguiente, su padre siempre vivía en miedo y agonía, y había perdido toda esperanza de vida.

Luego él escuchó acerca de un hombre de Galilea quien había manifestado milagros al revivir a un muerto y sanar varios tipo de enfermedades. Y entonces un rayo de esperanza comenzó a perforar la desesperación de este hombre. Si las noticias estaban en lo cierto, este padre también creía que este hombre de Galilea podía sanar a su hijo. En busca de buena suerte, este padre trajo delante de Jesús a su hijo y le dijo: *"...pero si puedes hacer algo, ten misericordia de nosotros, y ayúdanos"* (Marcos 9:22).

Al escuchar la petición sincera del padre, Jesús le dijo: *"'¿Cómo si tú puedes?' Todas las cosas son posibles para el que cree"* (Marcos 9:23 LBLA), y reprendió al padre de este hijo debido a su poca fe. Este hombre había escuchado las noticias pero aún no las creía en su corazón. Si el padre hubiera estado consciente de que Jesús como Hijo de Dios era Todopoderoso y la verdad en sí, él no hubiera dicho: "Si puedes". Para poder enseñarnos que es imposible que agrademos a Dios sin fe y que es imposible recibir respuestas sin una fe completa por la cual una persona puede creer, Jesús le dijo: "¿Cómo si tú puedes?" y reprendió al padre por tener 'poca fe'.

La fe en general puede ser clasificada en dos tipos. Esto es 'fe carnal' o 'fe como conocimiento' con la cual uno cree lo que ve. El tipo de fe con la cual una persona puede creer sin necesidad de ver es la 'fe espiritual', 'fe verdadera', 'fe viva' o 'fe acompañada con obras'. Este tipo de fe puede crear algo de la nada. La definición de 'fe' de acuerdo a la Biblia es la siguiente: *"Es, pues,*

*la fe la certeza de lo que se espera, la convicción de lo que no
se ve"* (Hebreos 11:1).

Cuando las personas sufren de alguna enfermedad que
el hombre puede curar, pueden ser sanados mientras su
enfermedad es calcinada mediante el fuego del Espíritu Santo,
cuando muestran su fe y están llenos del Espíritu Santo. Si
alguien principiante en la vida de fe se enferma, puede ser sano
si abre su corazón, escucha la Palabra y muestra su fe. Si un
cristiano maduro con fe se enferma, puede ser sanado si dirige
sus caminos al arrepentimiento.

Cuando las personas sufren de enfermedades que no pueden
ser curadas por la ciencia médica, deben mostrar fe que es en
consecuencia mayor. Si un cristiano maduro en la fe se enferma,
puede ser sanado si abre su corazón, se arrepiente al rendir su
corazón y ofrece una oración ferviente. Si alguien con poca
fe o que carece de ella se enferma, este no será sano hasta que
muestre fe y, de acuerdo al tamaño de su fe, la obra de sanidad se
manifestará.

Aquellos que se encuentran físicamente discapacitados, con
sus cuerpos deformes o quienes han heredado una enfermedad,
solo pueden llegar a ser sanos mediante los milagros de Dios.
De esta manera, deben demostrar su dedicación hacia Dios y
la fe por la cual pueden amarlo y agradarle a Él. Solo así Dios
reconocerá la fe de ellos y manifestará sanidad. Cuando las

personas muestran su fe ardiente a Dios, de la manera que Bartimeo clamó fervientemente a Jesús (Marcos 10:46-52), de la misma manera que el centurión le mostró a Jesús su gran fe (Mateo 8:5-13) y de la manera que el paralítico y sus cuatro amigos mostraron su fe y determinación (Marcos 2:3-12); Dios los sanará.

De igual modo, ya que las personas poseídas por los demonios no pueden ser sanadas sin la obra de Dios y son incapaces de mostrar su fe, para que puedan hacer descender la sanidad de los Cielos, otros miembros de su familia deben creer en el Dios Todopoderoso y acercarse delante de Él.

## 2. Las personas deben poseer fe con la cual puedan creer

El padre del hijo que había sido poseído por un demonio durante un largo tiempo, fue inicialmente reprendido por Jesús debido a su poca fe. Al momento que Jesús dijo con certeza al padre: "Al que cree todo le es posible", los labios de este hombre hicieron una confesión positiva: "Sí creo". Sin embargo, su creencia se limitaba a su conocimiento. Es por esta razón que el padre le suplicó a Jesús: *"'Ayúdame' en mi incredulidad"* (Marcos 9:24). Al oír la súplica del padre, cuyo corazón sincero, la oración ferviente y la fe eran conocidas por Jesús, Él le dio al padre la fe por la cual ahora podía creer.

De igual manera, al clamar a Dios podemos recibir la fe por

medio de la cual podemos creer y, con este tipo de fe, estaremos en forma para recibir respuestas a nuestros problemas, y lo 'imposible' se hará 'posible'.

Una vez que este padre llegó a poseer la fe por medio de la cual pudo creer, cuando Jesús le ordenó: *"Espíritu mudo y sordo, yo te mando, sal de él, y no entres más en él"*, el espíritu maligno lo dejó dando un grito (Marcos 9:25-27). Al momento que el padre suplicó con fe mediante la cual él podía creer y tener el deseo de la intervención de Dios, incluso después de que Jesús lo reprendiera, Él manifestó una obra asombrosa de sanidad.

Jesús incluso le respondió y le dio completa sanidad a su hijo quien había estado poseído por un espíritu que le había impedido el habla, y quien le había hecho sufrir de epilepsia, por lo que constantemente lo hacía caer, echar espumarajos, crujir los dientes y lo iba secando. Entonces aquellos que creen en el poder de Dios, por medio del cual todas las cosas son posibles, y vivir a través de Su Palabra, ¿no permitiría Él que todas las cosas estuvieran bien, y no los conduciría a llevar vidas saludables?

Poco tiempo después de la fundación de la Iglesia Manmin, un joven de la provincia de Gang-won visitó la iglesia luego de haber escuchado las noticias acerca de ello. Este joven pensó que él le estaba sirviendo a Dios fielmente como un maestro de escuela dominical y miembro del coro. Sin embargo, debido a que era una persona extremadamente orgullosa y no se había abstenido de la maldad en su corazón, sino que al contrario, había acumulado pecado, el joven se encontraba sufriendo luego de que un demonio ingresara a su corazón, el cual estaba sucio, y comenzó a habitar allí. La obra de sanidad fue manifestada por la ferviente oración y dedicación de su padre. Luego de determinar la identidad del demonio y de expulsarlo mediante la oración, el joven expulso espuma por la boca, se arrojó sobre su espalda y despidió un hedor terrible. Luego de este incidente, la vida de este joven fue renovada al armarse con la verdad en Manmin. En la actualidad, él se encuentra fielmente sirviendo en la iglesia en Gang-won y dándole a Dios la gloria al compartir su testimonio de sanidad con innumerables personas.

Ruego en el nombre del Señor que usted pueda llegar a comprender que el alcance del obrar de Dios es ilimitado, y que todo es posible a través de ello. Por lo tanto, cuando usted busque en oración, no solo se convertirá en un hijo bendecido por Dios, sino también en Su santo estimado a quien todos los asuntos le van bien en todo tiempo.

# Capítulo 7

## Fe y obediencia
## de Naamán el leproso

## 2 Reyes 5:9-10, 14

*"Y vino Naamán con sus caballos y con su carro, y se paró a las puertas de la casa de Eliseo. Entonces Eliseo le envió un mensajero, diciendo: Ve y lávate siete veces en el Jordán, y tu carne se te restaurará, y serás limpio... El entonces descendió, y se zambulló siete veces en el Jordán, conforme a la palabra del varón de Dios; y su carne se volvió como la carne de un niño, y quedó limpio".*

## El General Naamán el leproso

Durante nuestra vida encontramos problemas grandes y pequeños. A veces enfrentamos problemas que van más allá de la capacidad del hombre.

En un país llamado Aram (conocido también como Siria), al norte de Israel, había un comandante del ejército llamado Naamán. El guío el ejército de Aram a la victoria en el momento más crítico del país. Naamán amaba su país y fielmente sirvió a su rey. Aunque el rey apreciaba mucho a Naamán, el general se encontraba en gran angustia debido al secreto que nadie más conocía.

¿Cuál era la causa de su angustia? Él se encontraba en agonía, no debido a la falta de riquezas o fama, sino que se sentía afligido y no encontraba la felicidad en la vida porque tenía lepra, una enfermedad incurable que la medicina de su tiempo no podía sanar.

Durante la época de Naamán, las personas que sufrían de lepra eran consideradas impuras. Eran obligadas a vivir aisladas fuera de los límites de la ciudad. El sufrimiento de Naamán era más insoportable porque, además del dolor, había otros problemas que acompañaban la enfermedad. Los síntomas de la lepra incluían manchas en el cuerpo, especialmente en el rostro, en las partes descubiertas de sus brazos y piernas, los empeines de los pies, al igual que la degeneración de los sentidos. En casos más graves las pestañas, las uñas de los dedos y de los pies se caían, y en general la apariencia se tornaba horrible.

Entonces un día Naamán, quien había sido infligido por una enfermedad incurable e incapaz de encontrar el gozo en la vida, escuchó buenas noticias. Según una jovencita que fue tomada cautiva de Israel y servía a su esposa, había un profeta en Samaria quien podía curar a Naamán de su lepra. Ya que no había nada que él no haría para recibir la sanidad, Naamán le dijo a su rey acerca de la enfermedad que tenía y lo que había escuchado de su sierva. Al oír que su fiel general sería sanado de su lepra si iba donde un profeta en Samaria, el rey con empeño ayudó a Naamán e incluso escribió una carta al rey de Israel en nombre de Naamán.

Él salió para Israel con diez talentos de plata, seis mil piezas de oro y diez mudadas de ropa y la carta del rey que decía: *"Cuando lleguen a ti estas cartas, sabe por ellas que yo envío a ti mi siervo Naamán, para que lo sanes de su lepra"* (v. 6). En ese entonces, Aram era una nación más fuerte que la nación de Israel. Al leer la carta del rey de Aram, el rey de Israel rasgó sus vestiduras y dijo: *"¿Soy yo Dios?"* ¿*Por qué para que éste envíe a mí a que sane un hombre de su lepra? Considerad ahora, y ved cómo busca ocasión contra mí"* (v. 7).

Cuando el profeta Eliseo escuchó estas noticias, él vino delante del rey y le dijo: *"¿Por qué has rasgado tus vestidos? Venga ahora a mí, y sabrá que hay profeta en Israel"* (v. 8). Cuando el rey de Israel envió a Naamán a la casa de Eliseo, el profeta no se reunió con el general, sino que a través de un mensajero le dijo: *"...Ve y lávate siete veces en el Jordán, y tu carne se te restaurará, y serás limpio"* (v. 10).

¡Cuán extraño debe haber sido para Naamán, que había ido con sus caballos y carros a la casa de Eliseo, que el profeta no le diera la bienvenida, ni se reuniera con él! Luego el general se enfadó. Él pensó que si un comandante del ejército de un país más poderoso que Israel lo visitaba, el profeta tendría que haberlo recibido cordialmente e impuesto sus manos. Sin embargo, Naamán recibió una fría acogida del profeta y se le dijo que se lavara en un río pequeño y sucio como lo era el río Jordán.

En su furia, Naamán pensó regresar a su casa y dijo: *"He aquí yo decía para mí: Saldrá él luego, y estando en pie invocará el nombre de Jehová su Dios, y alzará su mano y tocará el lugar, y sanará la lepra. Abana y Farfar, ríos de Damasco, ¿no son mejores que todas las aguas de Israel? Si me lavare en ellos, ¿no seré también limpio...?"* (v. 11-12). Mientras él se preparaba para regresar a su hogar, sus siervos le suplicaron: *"Padre mío, si el profeta te mandara alguna gran cosa, ¿no la harías? ¿Cuánto más, diciéndote: Lávate, y serás limpio?"* (v. 13) Entonces motivaron a su amo a que obedeciera las instrucciones de Eliseo.

¿Qué fue lo que sucedió cuando Naamán se sumergió en el

río Jordán siete veces, tal como Eliseo le había dicho? Su piel se limpió como la piel de un niño. La lepra que le había ocasionado tantas agonías ahora estaba totalmente sana. Cuando esta enfermedad incurable por el hombre fue sanada por completo mediante la obediencia de Naamán a un hombre de Dios, el general llegó a reconocer al Dios vivo y a Eliseo como un hombre de Dios.

Luego de experimentar el poder del Dios vivo, El Dios de sanidad de la lepra, Naamán fue donde Eliseo y le confesó lo siguiente: *"Y volvió al varón de Dios, él y toda su compañía, y se puso delante de él, y dijo: He aquí ahora conozco que no hay Dios en toda la tierra, sino en Israel. Te ruego que recibas algún presente de tu siervo. Mas él dijo: Vive Jehová, en cuya presencia estoy, que no lo aceptaré. Y le instaba que aceptara alguna cosa, pero él no quiso. Entonces Naamán dijo: Te ruego, pues, ¿de esta tierra no se dará a tu siervo la carga de un par de mulas? Porque de aquí en adelante tu siervo no sacrificará holocausto ni ofrecerá sacrificio a otros dioses, sino a Jehová"* (2 Reyes 5:15-17).

## La fe y obra de Naamán

Examinemos ahora la fe y obra de Naamán quien conoció a Dios el sanador y fue sanado de una enfermedad incurable.

## 1. La buena consciencia de Naamán

Muy rara vez las personas aceptan y creen en las palabras de los demás, mientras que por otra parte algunas personas tienden a dudar y desconfiar de manera incondicional. Sin embargo, debido a que Naamán poseía una buena consciencia, él no hizo caso omiso a las palabras de los demás sino que de buena manera las aceptó. Él pudo ir a Israel, obedecer las instrucciones de Eliseo y recibir la sanidad debido a que no fue negligente, sino que prestó mucha atención y creyó en las palabras de una joven que servía a su esposa. Naamán creyó cuando la jovencita, quien había sido cautiva de Israel, le dijo a su esposa: *"Si rogase mi señor al profeta que está en Samaria, él lo sanaría de su lepra"* (v. 5). Supongamos que usted es quien se encuentra en la posición de Naamán. ¿Qué hubiera hecho? ¿Hubiera aceptado sus palabras de manera completa?

A pesar del avance de la medicina moderna en la actualidad, hay muchas enfermedades contra las cuales la medicina es inútil. Si usted dice a las demás personas que ha sido sanado de una enfermedad incurable por Dios o que fue sanado luego de recibir oración, ¿cuántas personas piensa que creerán en usted? Naamán creyó en las palabras de esta jovencita, fue donde su rey a pedir permiso, se dirigió a Israel y recibió la sanidad a su lepra. En otras palabras, debido a que Naamán tuvo una buena consciencia, pudo aceptar las palabras de la jovencita cuando ella lo 'evangelizó', y actuó de acuerdo a ello. Además debemos darnos cuenta que cuando se nos ha predicado el evangelio, podemos recibir respuestas a nuestros problemas solo cuando creemos en la predicación y nos acercamos delante de Dios de la manera que lo hizo Naamán.

## 2. Naamán desechó sus pensamientos

Cuando Naamán fue a Israel con la ayuda de su rey y llegó a la casa de Eliseo, el profeta que podría curar la lepra, recibió una fría acogida. Su enfado fue evidente cuando Eliseo, que a los ojos incrédulos de Naamán no tenía fama o estatus social, no le dio la bienvenida a un fiel servidor del rey de Aram, y le dijo a Naamán, por medio de un mensajero, que se lavase en el río Jordán siete veces. Naamán se enfureció porque él había sido enviado personalmente por el rey de Aram. Por otra parte, Eliseo ni siquiera puso su mano sobre sus llagas, sino que le dijo a Naamán que podía ser limpiado cuando se lavara en el río Jordán, un río que era pequeño y sucio.

Naamán se enojó con Eliseo y sus acciones, las cuales no podía comprender con sus propios pensamientos. Él se preparó para el viaje a casa, pensando que había muchos otros ríos grandes y limpios en su país y que sería limpio si se lavaba en alguno de ellos. En ese momento los siervos de Naamán le rogaron a su amo que obedeciera las instrucciones de Eliseo y que se sumergiera en el río Jordán.

Ya que Naamán poseía una buena consciencia, el general no actuó basado en sus propios pensamientos, sino que al contrario, decidió obedecer las instrucciones del profeta y se dirigió al Jordán. Entre las personas de un estatus social equivalente al que tenía Naamán, ¿cuántos de ellos se hubieran arrepentido y obedecido al pedido de sus sirvientes o a otros que se encuentran en una posición más baja que la de ellos?

Como podemos encontrar en Isaías 55:8-9: *"Porque mis pensamientos no son vuestros pensamientos, ni vuestros caminos mis caminos, dijo Jehová. Como son más altos los cielos que la tierra, así son mis caminos más altos que vuestros caminos, y mis pensamientos más que vuestros pensamientos"*. Cuando nos aferramos a los pensamientos del hombre y sus teoría, no podemos obedecer la Palabra de Dios. Recordemos el final que tuvo el rey Saúl al desobedecer a Dios. Cuando incorporamos los pensamientos del hombre y no obedecemos la voluntad de Dios, esto se convierte en un acto de desobediencia; si fracasamos en reconocer nuestra desobediencia, debemos recordar que Dios nos abandonará y desechará de la manera que Él lo hizo con Saúl.

En 1 Samuel 15:22-23 leemos: *"Y Samuel dijo: ¿Se complace Jehová tanto en los holocaustos y víctimas, como en que se obedezca a las palabras de Jehová? Ciertamente el obedecer es mejor que los sacrificios, y el prestar atención que la grosura de los carneros. Porque como pecado de*

*adivinación es la rebelión, y como ídolos e idolatría la*
*obstinación. Por cuanto tú desechaste la palabra de Jehová,*
*él también te ha desechado para que no seas rey".* Naamán
pensó dos veces y decidió desechar sus propios pensamientos y
seguir las instrucciones de Eliseo, un hombre de Dios.

De igual manera, debemos recordar que solo cuando
nos despojamos de la desobediencia de nuestro corazón y lo
transformamos en un corazón de obediencia de acuerdo con
la voluntad de Dios, podemos alcanzar los deseos de nuestro
corazón.

### 3. Naamán obedeció la palabra del profeta

Siguiendo las instrucciones de Eliseo, Naamán descendió al
río Jordán y allí se lavó. Había muchos otros ríos que eran más
grandes y limpios que el Jordán, pero las instrucciones de Eliseo
para que fuera al río Jordán tenían un significado espiritual. El
río Jordán simboliza la salvación, mientras que el agua simboliza
la Palabra de Dios que limpia el pecado de las personas y les
permite alcanzar la salvación (Juan 4:14). Es por esta razón que
Eliseo quería que Naamán se lavara en el río Jordán para que lo
guiara a la salvación. No importa cuán grandes o limpios eran
los demás ríos, estos no guiaban a las personas a la salvación y no
tenían ningún tipo de relación con Dios, por ende, en otras aguas
las obras de Dios no podían ser reveladas.

Tal como nos dice Jesús en Juan 3:5: *"De cierto, de cierto te digo, que el que no naciere de agua y del Espíritu, no puede entrar en el reino de Dios"*, al haberse lavado en el río Jordán, se abrió un camino para que Naamán recibiera el perdón de sus pecados y la salvación, y que conociera a Dios.

Entonces, ¿por qué se le dijo a Naamán que se lavara siete veces? El número '7' es un número completo que simboliza la perfección. Al dirigirlo a que se lavara siete veces, lo que Eliseo le estaba diciendo al general era que recibiera el perdón de sus pecados y que viviera totalmente en la Palabra de Dios. Solo de esta manera Dios, para quien no hay algo imposible, manifestaría la obra de sanidad y sanaría cualquier enfermedad incurable.

Por consiguiente, aprendemos que Naamán recibió sanidad de su lepra, contra la cual la medicina o el poderío de los hombres era inútil, porque obedeció a la palabra del profeta. Este pasaje de las Escrituras nos dice claramente los siguiente: *"Porque la palabra de Dios es viva y eficaz, y más cortante que toda espada de dos filos; y penetra hasta partir el alma y el espíritu, las coyunturas y los tuétanos, y discierne los pensamientos y las intenciones del corazón. Y no hay cosa creada que no sea manifiesta en su presencia; antes bien todas las cosas están desnudas y abiertas a los ojos de aquel a quien tenemos que dar cuenta"* (Hebreo 4:12-13).

Naamán fue delante de Dios para quien nada es imposible,

desechó sus pensamientos, se arrepintió y obedeció Su voluntad. Cuando Naamán se sumergió siete veces en el río Jordán, Dios vio su fe, lo curó de su lepra y la piel de él fue restaurada y limpia como la de un niño.

Al mostrarnos una simple pieza de evidencia que demuestra que la sanidad de la lepra fue posible solo por Su poder, Dios nos dice que cualquier enfermedad incurable puede ser sanada cuando le agradamos a Él con nuestra fe acompañada de obras.

## Naamán le da gloria a Dios

Luego de que Naamán fuera sanado de lepra, volvió donde Eliseo y confesó: *"He aquí ahora conozco que no hay Dios en toda la tierra, sino en Israel...Porque de aquí en adelante tu siervo no sacrificará holocausto ni ofrecerá sacrificio a otros dioses, sino a Jehová"*, y de esta manera le dio gloria a Dios (2 Reyes 5:15-17).

En Lucas 17:11-19 encontramos la historia en la cual diez personas se encuentran con Jesús y son sanados de lepra. No obstante, solo uno de ellos regresó donde Jesús glorificando a Dios a gran voz, postrándose a los pies de Él y dándole gracias. En los versos 17 y 18, Jesús le preguntó: *"¿No son diez los que fueron limpiados? Y los nueve, ¿dónde están? ¿No hubo quien volviese y diese gloria a Dios sino este extranjero?"* Y entonces en el verso 19, Él le dijo a este hombre: *"Levántate, vete; tu fe te ha salvado".* Si usted recibe sanidad mediante el poder de Dios, no solo debe darle a Él la gloria, aceptar a Jesucristo y alcanzar la salvación, sino que debe también vivir mediante la Palabra de Dios.

Naamán tenía el tipo de fe y obra por la cual podía ser sanado de su lepra, que en su tiempo era una enfermedad incurable. Él tenía una buena consciencia por la cual pudo creer en las palabras de una joven sierva que había sido cautiva. Tuvo el tipo de fe mediante la cual pudo preparar un regalo precioso para visitar al profeta. Él mostró la obra de obediencia aunque las instrucciones del profeta Eliseo no estaban de acuerdo con sus propios pensamientos.

Naamán, un gentil, en cierto momento sufrió de una enfermedad incurable, sin embargo, a través de la misma, conoció al Dios vivo y experimentó la obra de sanidad. Cualquier persona que se acerca delante del Dios Todopoderoso y muestra su fe y obras, recibirá respuestas a sus problemas sin importar cuán complicados estos sean.

Ruego en el nombre del Señor que usted pueda poseer una fe preciosa, mostrar dicha fe con obras, recibir respuestas a todos sus problemas de la vida y que se convierta en un santo bendecido quien da gloria a Dios.

El autor:
# Dr. Jaerock Lee

El Rev. Dr. Jaerock Lee nació en 1943 en Muan, Provincia de Jeonnam, República de Corea. A sus veinte años, él padeció de una serie de enfermedades incurables durante siete años, y al no tener ninguna esperanza de recuperación, él esperaba únicamente la muerte. Cierto día, durante la primavera de 1974, fue invitado por su hermana a una iglesia, y cuando se inclinó para orar, el Dios vivo inmediatamente lo sanó de todas sus enfermedades.

Desde el momento en que el Rev. Dr. Lee conoció a Dios a través de aquella experiencia maravillosa, él ha amado a Dios con todo su corazón y sinceridad. En 1978 él recibió el llamado a ser un siervo de Dios. Clamó fervientemente a fin de entender con claridad la voluntad de Dios y llevarla a cabo por completo, y obedeció a cabalidad la Palabra de Dios. En 1982 fundó la Iglesia Central Manmin en Seúl, Corea del Sur, e innumerables obras de Dios, incluyendo sanidades o prodigios milagrosos, han tomado lugar en la iglesia.

En 1986 el Rev. Dr. Lee fue ordenado como pastor en la Asamblea Anual de la Iglesia de Jesús de Sungkyul de Corea, y cuatro años más tarde sus sermones empezaron a ser transmitidos en Australia, Rusia, las Filipinas, y otros lugares a través de la Compañía de Radiodifusión del Lejano Oriente, la Estación de Radiodifusión de Asia, y el Sistema Radial Cristiano de Washington.

Luego de transcurridos tres años, en 1993, la Iglesia Central Manmin fue denominada por la Revista *Christian World* de EE. UU. como una de las '50 Iglesias Principales del Mundo'. El mismo año el Dr. Lee obtuvo un Doctorado Honorario en Teología en Christian Faith College, Florida, EE. UU., y en 1996 obtuvo un Ph.D. en Ministerio en el Seminario Teológico de Kingsway en Iowa, EE. UU.

Desde 1993, el Rev. Dr. Lee ha tomado la batuta en el área de las misiones mundiales a través de cruzadas evangelísticas internacionales en Tanzania,

Argentina, Los Ángeles, Baltimore, Hawái, y la ciudad de Nueva York en los Estados Unidos, Uganda, Japón, Pakistán, Kenia, las Filipinas, Honduras, India, Rusia, Alemania, Perú, República Democrática de Congo, Israel, y Estonia. En el año 2002 los principales diarios cristianos de Corea lo nombraron 'el Pastor mundial' por su labor en varias Grandes Cruzadas Unidas internacionales.

Hasta Febrero de 2013, la Iglesia Central Manmin cuenta con una congregación de más de 120.000 miembros; tiene 10.000 iglesias filiales locales e internacionales en el mundo entero, más de 129 misioneros que han sido comisionados a 23 países, entre ellos los Estados Unidos, Rusia, Alemania, Canadá, Japón, China, Francia, India, Kenia, y muchos más.

Hasta la fecha de esta publicación, el Dr. Lee ha escrito 84 libros, incluyendo algunos en lista de superventas de librería tales como *GOZANDO DE LA VIDA FRENTE A LA MUERTE*, *MI VIDA MI FE I y II*, *EL MENSAJE DE LA CRUZ*, *LA MEDIDA DE FE*, *CIELO I y II*, *INFIERNO*, y *EL PODER DE DIOS*. Sus obras han sido traducidas a más de 75 idiomas.

Sus editoriales cristianos se publican en los diarios *The Hankook Ilbo*, *The JoongAng Daily*, *The Chosun Ilbo*, *The Dong-A Ilbo*, *The Munhwa Ilbo*, *The Seoul Shinmun*, *The Kyunghyang Shinmun*, *The Korea Economic Daily*, *The Korea Herald*, *The Shisa News*, y *The Christian Press*.

El Dr. Lee es actualmente el líder de muchas organizaciones y asociaciones misioneras, entre ellas: Presidente de la Iglesia de la Santidad Unida de Jesucristo, Presidente de la Misión Mundial Manmin, Presidente vitalicio de la Asociación de Avivamiento y Misiones Cristianas Mundiales, Fundador y Presidente de la Junta de la Red Cristiana Mundial (GCN por sus siglas en inglés), Fundador y Presidente de la Junta de la Red Mundial de Médicos Cristianos (WCDN por sus siglas en inglés), y Fundador y Presidente de la Junta del Seminario Internacional Manmin (MIS por sus siglas in inglés).

### CIELO I y II

Una descripción detallada del maravilloso y vívido ambiente que los ciudadanos del Cielo disfrutarán en los cinco niveles del Reino de los Cielos, además de una hermosa descripción de cada uno de ellos.

### MI VIDA, MI FE I y II

La autobiografía del Dr. Jaerock Lee proporciona un fragante aroma espiritual a los lectores a través de su vida extraída del amor de Dios que brotó en medio de olas oscuras, un yugo frío y la mayor desesperación.

### EL MENSAJE DE LA CRUZ

Un poderoso mensaje de avivamiento para todos aquellos que están espiritualmente adormecidos. En este libro encontrará la razón por la que Jesús es el único Salvador y es el verdadero amor de Dios

### LA MEDIDA DE FE

¿Qué tipo de lugar celestial y qué tipo de corona y recompensas están preparadas para usted en el Cielo? Este libro proporciona la sabiduría y guía para que usted mida su fe y cultive una fe mejor y más madura.

### INFIERNO

Un sincero y ferviente mensaje de Dios para toda la humanidad. ¡Dios desea que ningún alma caiga en las profundidades del infierno! Usted descubrirá una descripción nunca antes revelada de la cruel realidad del Hades y del Infierno.